Johanna Wallmann

Mein Kräuter-garten

Bassermann

Johanna Wallmann

Mein Kräutergarten

Bassermann

Bitte beachten Sie:
Kräuter enthalten natürliche Substanzen mit medizinischer Wirkung, die grundsätzlich mit Vorsicht anzuwenden sind. Dieses Buch informiert über einige von ihnen, sollte aber nicht als medizinischer Ratgeber verstanden werden. Die Selbstbehandlung mit Kräutern kann bei leichten Beschwerden Linderung verschaffen, aber nicht die Beratung durch einen Arzt oder Heilpraktiker ersetzen. Kinder, ältere Menschen, Schwangere, Rekonvaleszenten und Personen mit chronischen Erkrankungen sollten Naturheilmittel generell nur nach vorheriger Rücksprache mit dem Arzt anwenden.
Manche Kräuter, die bei niedriger Dosierung hilfreich sind, können in größeren Dosen oder bei Langzeitanwendung unerwünschte Wirkungen haben. Da auch natürliche Inhaltsstoffe Allergien und andere Nebeneffekte auslösen können, empfiehlt es sich, stets zuerst einen vorsichtigen Versuch mit geringen Mengen einer Substanz durchzuführen.

ISBN: 978-3-8094-8050-1

Projektleitung: Dr. Iris Hahner
Producing: trans texas publishing services, Köln
Gestaltung, Satz und Bildredaktion: Sabine Vonderstein, Köln
Redaktion: Antje Seidel, Köln
Abbildungen: Flora Press Agency, mit Ausnahme von:
iStock: alle Rahmen, Clips und Silhouetten; S. 10 interfoto/Sammlung Rauch; S. 12–13 Mauritius images/dieKleinert, Kupferstich: George Cruikshank; S. 19 Mauritius images/Rudolf Schmidt; S. 21 unten Getty Images/Dorling Kindersley; S. 43 iStock/Marilyn Barbone
Umschlaggestaltung: Atelier Versen, Bad Aibling
Umschlagfotos: U1: © mauritiusimages/Garden Picture Library;
U4: Flora Press Agency, unten rechts Flora Press Agency/Otmar Diez
Herstellung: Sonja Storz

FSC®
www.fsc.org
MIX
Aus verantwortungsvollen Quellen
FSC® C011124

Druck und Bindung: Mohn Media, Mohndruck, Gütersloh

Verlagsgruppe Random House FSC-DEU-0100
Das für dieses Buch verwendete FSC®-zertifizierte Papier *Juwel Offset* liefert Arctic Paper, Kostrzyn, Polen.

Printed in Germany

817 2635 4453 6271

Inhalt

Meine Kräuterkunde

Kräuter sind für mich mit Kindheitserinnerungen verbunden: Liebstöckel in Omas Gemüsesuppe, Spitzwegerich, mit dem Insektenstiche abgerieben wurden, und Waldmeisterbowle, der ich meinen ersten Schwips verdanke. Mein allererster Garten war winzig, und ich pflanzte jede Menge Kräuter, weil sie so schön wie Blumen aussahen und gleichzeitig mein Studentenbudget entlasteten. Diese Kombination von Schönheit und Nutzwert gefällt mir noch heute, darum spielen Kräuter in meinem Garten immer noch eine wichtige Rolle.

Seit jeher interessieren mich Kräuter wegen ihrer wirksamen Inhaltsstoffe, mit denen sich verschiedenste Wehwehchen lindern lassen. Manchen ihrer Namen – Engelwurz, Mutterkraut, Mönchspfeffer – haftet etwas faszinierend Archaisches an, und sie erzählen Geschichten von einem alten Wissen, das mehr und mehr in Vergessenheit gerät.

Söldner, Entdecker und Mönche

Seit Urzeiten nutzen die Menschen Pflanzen sowohl als Nahrungsmittel, wie auch zu Heilzwecken oder für die Körperpflege und den Haushalt. Archäologische Funde belegen, dass Kümmel schon in der Steinzeit verwendet wurde. Aus historischen Dokumenten wissen wir ferner, dass Kräuter im Alten Ägypten, in der griechischen und römischen Antike hoch geschätzt und für verschiedene Zwecke eingesetzt wurden. Der griechische Arzt Dioscorides beispielsweise verfasste bereits im 1. Jahrhundert n. Chr. ausführliche Kultur- und Anwendungsbeschreibungen für etwa 500 Heilpflanzen.

Alle Völker verwendeten zunächst die Kräuter, die in ihrem Siedlungsgebiet heimisch waren, doch wer sich aus friedlichen oder kriegerischen Gründen auf Reisen begab, nahm selbstverständlich seine Lieblingsheilmittel mit – das ist heute nicht anders. So hatten römische Söldner auf Feldzügen nach Norden Kräuter zur Wundversorgung im Gepäck. Der Koriander, der in China seit über 3000 Jahren als Heilpflanze kultiviert wird, gelangte vermutlich mit Händlern über die Seidenstraße nach Europa. Mönche, die Europas Norden als Missionare bereisten, brachten Heilkräuter aus dem Mittelmeerraum über die Alpen. Die Mauren, die im 8. Jahrhundert Teile Spaniens besetzen, legten Gärten an, in denen sie ihre vertrauten Kräuter anpflanzten. Die Kreuzfahrer banden sich Borretsch an Pferdegeschirr und Steigbügel, weil das Kraut als Mutmacher galt. Und im 15. und 16. Jahrhundert brachten die Entdecker, die nach Asien und Amerika segelten, allerlei neuartige Pflanzen mit, darunter die Kapuzinerkresse und die Zitronenverbene, aber auch Gemüse wie die Kartoffel und den Kürbis.

Die ersten großen Kräutergärten wurden auf dem Gelände von Klöstern angelegt, die im Mittelalter mitunter die Funktion von Krankenhäusern hatten. In den Klostergärtnereien wurden die Kulturbedingungen und Wirkweisen der Kräuter genauer erforscht und oft auch ausführlich dokumentiert. Zu den berühmtesten Zeugnissen dieser Zeit gehören die zahlreichen Abhandlungen der bedeutenden Benediktineräbtissin Hildegard von Bingen (1089–1179).

Die großen Klostergärten waren oft ähnlich formal aufgeteilt wie die Prachtgärten der Königshäuser. Diese Anlageform hatte jedoch auch praktische Gründe: Einfriedungshecken boten etwas Schutz vor Wind, Frost und Fremdbestäubung sowie vor frei laufenden Nutztieren. Durch die isolierte Pflanzung einzelner Arten ließen sich unerwünschte Kreuzbestäubungen vermeiden oder gezielte Kreuzungen vornehmen, und die relativ kleinen Beete konnten selbst ältere Klosterbewohner von den dazwischenliegenden Wegen gut pflegen und abernten.

Durch ihre klar strukturierte, oft symmetrische Anlage strahlen alte Klostergärten eine meditative Ruhe aus, die noch heute hilft, die Gedanken zu ordnen.

Aberglaube und verbotenes Wissen

Vordergründig erscheint es als Segen, dass sich die Mönche und Nonnen um die Gesundheitsversorgung der ungebildeten Durchschnittsbevölkerung kümmerten. Tatsächlich kamen aber nur die wenigsten Menschen in diesen Genuss. Weil der Weg zum nächsten Kloster manchmal weit und beschwerlich war, musste man sich oft mit anderen Mitteln behelfen. Außerdem gab es eine Reihe von Beschwerden, mit denen man sich an die Männer oder Frauen der Kirche lieber nicht wenden mochte.

Einige grundlegende Kenntnisse über die Anwendung von Kräutern dürften im Mittelalter so selbstverständlich gewesen sein wie die Fähigkeit, ein Huhn zu rupfen. Einige Menschen kannten sich aber besonders gut aus. Meist waren es Frauen, denn Kräuterrezepturen wurden – wie Rezepte zum Brotbacken oder andere traditionelle Haushaltskenntnisse – mündlich von der Mutter auf die Tochter überliefert. Als Geburtshelferinnen waren diese Frauen durchaus geschätzt, denn sie wussten beispielsweise, wie sich bei einer schweren Geburt mit Mutterkraut die Wehen anregen lassen oder dass Fenchel und Kornblumen bei jungen Müttern den Milchfluss fördern. Dass sie sich auch mit „unaussprechlichen" Frauenproblemen wie Menstruations- oder Wechseljahrbeschwerden auskannten, mag dem einen oder anderen Bauern schon suspekt gewesen sein. Mancher hat vielleicht auch gegrübelt oder geschimpft, weil seine Frau nicht schwanger wurde, wo er sich doch solche Mühe gab, endlich einen Nachfolger für den Hof zu zeugen. Und ganz gewiss durfte der Nachbar niemals erfahren, dass er sich bei Dunkelheit wegen eines heiklen Männerproblems zu der Kräuterfrau schlich und anschließend von seiner eigenen Frau wünschte, dass sie fortan täglich Sellerie auf den Tisch brächte (den man auch Geilwurz nannte).

Noch unheimlicher war den einfachen Leuten, dass die Kräuterfrauen wussten, mit welchen Kräutern man gezielt Fehlgeburten auslösen konnte, und wie sich die dabei auftretenden Schmerzen und Seelennöte durch halluzinogene Kräuter lindern ließen. Was dem Volk unheimlich war, das tat es schnell als Hexerei und Teufelswerk ab. Ganz sicher wussten die „Hexen" auch, wie man unliebsame Zeitgenossen beseitigt.

Für die kirchlichen Autoritäten war dieses Wissen natürlich

Denn wenn es keine Hexen gäbe,
Wer, Teufel, möchte Teufel sein?

(Goethe, »Faust«)

ganz und gar unerhört. Wer es wagte, in Gottes Plan hineinzupfuschten, musste damit rechnen, der Hexerei angeklagt zu werden.

Als sich in späteren Jahrhunderten allmählich die wissenschaftlich ausgerichtete Medizin entwickelte, mit der sich allerdings zunächst vornehmlich Männer beschäftigten, konnte man mit den überlieferten Kenntnissen äußerst wenig anfangen. Wirkungen, die man nicht wissenschaftlich erklären konnte, wurden als Hokuspokus abgetan.

So ist im Lauf der Geschichte ein Fundus an Kenntnissen verloren gegangen, der jetzt mit dem wachsenden Interesse an sanften, naturheilkundlichen Verfahren ganz allmählich wiederentdeckt wird.

Frauenkräuter

In diese Gruppe fallen Pflanzen, die bei Menstruationsbeschwerden, PMS, Problemen in Schwangerschaft und Stillzeit sowie in den Wechseljahren angewandt werden können. Manche regulieren den Wasserhaushalt des Körpers, andere beruhigen bei Verspannungen, wirken mild stimmungsaufhellend oder hormonähnlich. Zu den bekanntesten Frauenkräutern gehören Frauenmantel, Johanniskraut, Salbei, Fenchel, Nachtkerze, Beifuß, Mistel und Mönchspfeffer.

Nomen est omen?

Es ist erstaunlich, wie viele volkstümliche Pflanzennamen mit Hexen in Zusammenhang gebracht werden. Dies ist nur eine kleine Auswahl:

- Hexenbesen, Hexennest *(Mistel)*
- Hexenblume *(Anemone)*
- Hexenkraut *(Johanniskraut, Baldrian)*
- Hexenfinger *(Mittagsblume)*
- Hexenleiter *(Farne)*
- Hexenmehl *(Bärlappsporen)*
- Hexenmilch *(Wolfsmilch, Schöllkraut)*

Männerkräuter

Bei den mittelalterlichen Kräutermitteln gegen Potenzschwierigkeiten handelte es sich meist um Wirkstoffe, die Blase und Nieren anregen und dadurch indirekt auf die Sexualorgane wirken. Neben Sellerie gehören dazu Liebstöckel (auch dies ein vielsagender Name) und Petersilie sowie entwässernde Gemüsearten, vor allem Spargel. Muskatellersalbei wurde empfohlen, weil der Duft auf Frauen anziehend wirken soll. Die Parfümindustrie setzt es noch heute in Männerprodukten ein.

Das Märchen vom Fliegen

Da Kräuterwissen nirgendwo dokumentiert war, haben manche Frauen Wirkstoffe an sich selbst erprobt und dabei verblüffende Entdeckungen gemacht. Berühmt geworden sind berauschende Salben aus Nachtschattengewächsen wie Tollkirsche, Schierling, Eisenhut und anderen Giftpflanzen. Bei Aufnahme der Wirkstoffe über die Haut verursachten die sogenannten Hexen- oder Flugsalben eine veränderte Körperwahrnehmung und Halluzinationen. Der Umgang mit diesen Giftkräutern war riskant und endete mitunter auch tödlich.

Kräuter auf kleinstem Raum

Auch wenn manche Menschen von einem großen Garten auf dem Land träumen: Die meisten müssen sich mit einem kleinen Garten, einer Terrasse, einem Hof oder einem Balkon in der Stadt begnügen. Das hat seine Vor- und Nachteile, denn wer sich nicht wirklich für Gartenarbeit begeistern kann – und zwar auch im Winter oder bei Regenwetter – wird einen großen Garten bald als Belastung empfinden.

Das Schöne an einem Kräutergarten ist, dass man ihn auf ganz wenig Raum einrichten kann. Für eine Minimalversion genügt sogar eine sonnige Fensterbank.

Besitzer eines winzigen Kräutergartens sind gut beraten, sich Jungpflanzen zu kaufen, die man im Frühling für wenig Geld in jedem Gartencenter bekommt. Die Aussaat auf der Fensterbank macht Spaß, aber aus einer Samentüte lassen sich Dutzende, in manchen Fällen Hunderte von Pflanzen ziehen: Das kann selbst für einen großen Nutzgarten zu viel sein. Da die Keimfähigkeit der Samen mit der Zeit aber nachlässt (vor allem, wenn die Tüten erst einmal geöffnet sind), lohnt es meist nicht, sie bis zum nächsten Jahr aufzubewahren. Sie könnten sich die Saat natürlich mit Freunden oder Nachbarn teilen.

Einige Versandgärtnereien haben sich auf Kräuter spezialisiert und bieten eine große Auswahl außergewöhnlicher Sorten an. Wer Spaß an exotischen Arten wie Zitronengras oder Thai-Basilikum hat oder einen eher schattigen Balkon mit einer Sammlung verschiedener Minzearten bepflanzen möchte, sollte sich dort einmal umsehen.

Auf einem sonnigen Balkon lässt sich schon ein recht ordentliches Sortiment an Kräutern kultivieren. Normale Blumenkästen für die Balkonbrüstung fassen nur relativ wenig Blumenerde, die an heißen Sommertagen schnell trocken wird. Kräutern aus dem Mittelmeerraum macht das wenig aus. Lavendel, Salbei und Rosmarin duften herrlich, schützen wegen ihres strauchigen Wuchses vor Wind und neugierigen Blicken, und weil sie immergrün sind, bieten sie auch im Winter noch einen schönen Anblick. Kräuter, die mehr Feuchtigkeit oder einen etwas schattigeren Platz brauchen, können in Töpfen oder Kübeln auf dem Balkonboden stehen oder in einem Regal an einer leicht beschatteten Wand untergebracht werden. Wenn Sie im Herbst die trockenen Samenstände nicht zu rigoros abschneiden, dürfen Sie sich auf regen Vogelbesuch freuen. Für die Terrasse eignen sich neben Kübeln aller Art auch größere Behältnisse. Man kann sie wie ein

Jedes größere Behältnis lässt sich mit etwas Fantasie und Improvisationstalent in einen kleinen Kräutergarten verwandeln.

Hochbeet mit Kräutern bepflanzen oder die Gewächse mitsamt ihren Töpfen hineinstellen. Verwenden Sie, was immer zur Hand ist und zum Stil von Haus und Garten passt: eine alte Zinkbadewanne, einen ausgemusterten Bollerwagen, einen großen Mörtelkübel ...

Zu einem modernen Wohnhaus passt auch ein Schachbrettgarten. Er lässt sich ganz einfach anlegen, indem man einzelne Terrassenplatten aufnimmt, den Boden entsprechend den Pflanzenbedürfnissen anreichert und bepflanzt. Natürlich muss genug Platz für Sitzgelegenheiten und Durchgänge bleiben. Einige niedrige Kräuter wie englische Rasenkamille *(Chamaemelum nobile* 'Treneague') oder Kriechender Thymian *(Thymus serpyllum)* haben echte Nehmerqualitäten und bedanken sich für gelegentliche Fußtritte mit würzigem Duft.

Besonders schöne Lösungen für kleine Gärten sind die Kräuterspirale (siehe Seite 18) oder das Kräuterrad. Ein Rad von 1 bis 1,5 Meter Durchmesser kann mit Steinen oder Brettern als Speichen in sechs oder acht Segmente geteilt werden, von denen man jedes mit einer oder zwei Kräuterarten bepflanzt: hinten eine einzelne, höhere Pflanze, davor eine Reihe niedriger Kräuter. In die Mitte könnte man eine Vogeltränke oder einen anderen Blickfang stellen. Wenn Sie in jedes zweite Segment eine höhere, immergrüne Pflanze setzen, liegt das Kräuterrad auch im Winter, wenn die meisten Kräuter abgeerntet sind, nicht wie ein kahler Pfannkuchen im Garten. In meinen Kräuterrad stehen zwei zierliche Obelisken, die im Sommer Kapuzinerkresse und Cherrytomaten stützen. Im Winter hängen Meisenknödel daran, und an Adventsabenden Marmeladengläser mit Teelichtern.

Glückliche Besitzer eines großen Gartens können von allem etwas haben – Töpfe an der Küchentür, mediterrane Kräuter neben dem Grill, Duftkräuter am Lieblingssitzplatz und Waldmeister unter der Hecke.

Gegenüber: Ein alter Drahtkorb auf übrig gebliebenen Mauersteinen dient Kräutern und Blumen in rustikalen Töpfen als Bühne.

Rechts: Runde Kräutergärten lassen sich bequem vom Rand her pflegen und abernten. Sie können bunt und locker oder streng und formal bepflanzt werden. Ein Schachbrettgarten auf der Terrasse passt gut zu einem modernen, eher sachlichen Wohnhaus.

Eine Kräuterspirale anlegen

Eine Kräuterspirale sieht attraktiv aus und bietet auf relativ geringem Raum ganz verschiedene Standortbedingungen: volle Sonne auf der Südseite, trockenen Boden im oberen Teil, feuchteren Boden im unteren Teil und Schattenplätze auf der Nordseite. Wenn die Spirale auf einer Rasenfläche angelegt wird, sollte zuerst die Fläche mit unbehandelter Pappe abgedeckt werden, damit sich hartnäckiges Unkraut keinen Weg nach oben bahnen kann. Statt Natursteinen können auch gebrauchte Mauersteine recycelt werden. Sie speichern Sonnenwärme, beschleunigen die Erwärmung des Bodens und fördern dadurch das Wachstum.

In dem Gartenbereich, der die meisten Sonnenstunden bekommt, mit einem Zirkel aus Schnur und Pflock die Kontur der Spirale auf dem Boden anzeichnen (1,5 m Durchmesser mindestens).

Mit Steinen die Spirale von außen nach innen aufbauen. Beginnen Sie dabei an der Nordseite der Spirale und schütten Sie zwischendurch immer wieder etwas Erdreich auf, damit die Steine nicht verrutschen.

Zur Mitte hin sollte eine Höhe von 50 cm erreicht werden. An der Südseite weitere Steine auflegen, um die Mauer zu erhöhen. Zwischendurch immer wieder Erde einfüllen und gut andrücken.

Zum Schluss die Pflanzen einsetzen und einige Wochen nicht schneiden. Die Pflanzen im oberen Bereich bekommen volle Sonne und werfen Schatten auf die Kräuter am nördlichen Fuß der Spirale.

Wenn die Kräuter gut angewachsen sind, sorgen sie füreinander. Die Arten in der oberen Etage bekommen ausreichend Sonne und werfen gleichzeitig Schatten, der einigen ihrer Nachbarn am Fuß der Spirale gut bekommt.

Kräuter für die Südseite: Basilikum, Kamille, Koriander, Majoran, Rosmarin, Salbei, Thymian.
Kräuter für die Nordseite: Bärlauch, Estragon, Minze, Petersilie, Sauerampfer, Schnittlauch.

Einen Kräutergarten planen

Wenn Sie einen Kräutergarten von Grund auf neu anlegen wollen, sollten Sie zuerst Ihre Prioritäten durchdenken. Möchten Sie die Kräuter vor allem zum Kochen benutzen? Haben Sie Lust, mit Tee- und Badekräutern zu experimentieren oder vielleicht das Färben mit Pflanzen auszuprobieren? Haben Sie ein großes Grundstück oder eine kleine Terrasse? Wie ist die Bodenqualität, und wie sieht es mit dem Sonnenlicht aus? Solche Faktoren bestimmen letztendlich die Auswahl der Pflanzen.

Ein zweiter Aspekt betrifft den Stil Ihres Kräutergartens. Mögen Sie es locker, etwas wild und kunterbunt, hätten Sie lieber eine klar gegliederte Anlage im Stil der traditionellen Klostergärten, oder mögen Sie einen traditionellen Bauerngarten mit Kräutern und Gemüse? Haben Sie viel Lust und Zeit für die Gartenarbeit, oder muss die Pflege schnell und unkompliziert zu erledigen sein?

Vielleicht ist es Ihnen aus praktischen Gründen auch lieber, die Kräuter über den Garten zu verteilen: die klassischen Küchenkräuter in der Nähe der Küchentür, die Grillkräuter neben der Terrasse, und die besonders großen oder attraktiven hier und da zwischen den Zierpflanzen verstreut.

Zwanglose, naturnahe Anlagen sind ideal für experimentierfreudige Gärtner mit wenig Zeit. Solange der Standort stimmt, kann nicht viel schief gehen. Und wer vorwiegend auf einjährige Kräuter setzt, kann jedes Jahr etwas Neues ausprobieren.

Ein formaler, geometrisch gegliederter Kräutergarten sieht großartig aus, macht aber viel Arbeit und erfordert genaue Planung, die mit einer maßstabsgetreuen Zeichnung beginnt. Niedrige Hecken aus Buchs, Lavendel oder Rosmarin sehen nur gut aus, wenn sie immer akkurat geschnitten sind. Bepflanzen Sie die Beete mit unterschiedlichen Kräuterarten, vielleicht nach Farben geordnet, und denken Sie der Abwechslung wegen auch an einige blühende Arten. Kompakte Kapuzinerkresse mit cremeweißen Blüten passt gut zu diesem Stil. Die leuchtend orange blühende Form mit den langen Ranken hat für einen so ordentlichen Garten ein zu ungestümes Wesen. Besonders schön sieht es aus, wenn in der Mitte des Gartens eine nostalgische Dekoration steht, vielleicht eine Sonnenuhr oder eine Statue. Und setzt man symmetrisch verteilt Immergrüne wie Lorbeer oder Rosmarin ein, hat der Garten sogar im Winter noch eine Menge fürs Auge zu bieten.

Oben: Ein klassisches Nutzbeet in ungewohnter Form. Die Stangen in der Mitte geben Kletterbohnen Halt. Ringsherum sprießen Kräuter und junges Gemüse in bogenförmigen Reihen.

Gegenüber: Ein klar gegliederter Kräutergarten mit sechs rautenförmigen, von Buchsbaum eingefassten Beeten (oben links). Für so einen kunterbunten Kräutermix (o ben rechts) ist auch auf einem kleinen Grundstück genug Platz. Ein Hauch von Barock (unten): Buchsbaumhecken rahmen geometrische Beete mit Kräutern, Salat und Gemüse ein.

Säen und vorziehen

Viele Kräuter, vor allem die Einjährigen, lassen sich leicht aus Samen ziehen. Wer möchte, kann damit schon im zeitigen Frühjahr in der geheizten Wohnung beginnen. Ich verwende dafür spezielles Anzuchtsubstrat, das besonders locker ist und es den Jungpflänzchen leicht macht, sich zum Licht zu recken. Lesen Sie die Hinweise auf der Rückseite der Samentüte genau durch. Manche Samen werden tief in die Erde gedrückt, andere nur dünn gestreut, und wieder andere dürfen nur angedrückt werden. Auch die optimale Keimtemperatur ist auf der Tüte angegeben. Am besten stecken Sie die leere Samentüte am Rand in die Aussaatschale, damit Sie auch später noch wissen, was in welcher Anzuchtschale heranwächst.

Flache Schalen mit Anzuchtsubstrat füllen. Die Samen dünn auf die Oberfläche streuen und andrücken oder mit Erde bedecken.

Klarsichtfolie über die Schale spannen – fertig ist ein Mini- Gewächshaus. Wenn sich Pflänzchen zeigen, die Folie abnehmen.

Zum Bewurzeln von Stecklingen kleine Töpfe gründlich abwaschen, um Krankheitserreger zu beseitigen, und mit Anzuchtsubstrat füllen.

Mit einem Pikierstab (oder Bleistift) ein Loch ins Substrat drücken, einen Steckling hineinsetzen und vorsichtig andrücken. Gießen.

Grüner Daumen

1 Aus einer Samentüte kann man sehr viele Pflanzen ziehen. Wenn sie nur eine oder zwei benötigen, ist es sinnvoller, Jungpflanzen zu kaufen.

2 Wenn Sämlinge in Schalen sehr eng stehen, muss ausgedünnt werden. So bekommen die Jungpflanzen mehr Platz und müssen nicht mit ihren Nachbarn um Wasser, Licht und Nährstoffe konkurrieren.

3 Heben Sie die Folie ab und zu an. Bei zu hoher Luftfeuchtigkeit treten oft Pilzerkrankungen auf, die Ihren Sämlingen den Garaus machen können.

4 Stecklinge mit leicht verholzten Stielen (z. B. Lavendel) fallen oft beim Rückschnitt im Spätsommer an. Sie bewurzeln in feuchtem Substrat recht leicht. Stecklinge mit fleischigen Stielen (z. B. Salbei) nur sparsam gießen, damit sie nicht faulen.

Standorte und Pflege

Die meisten Kräuter sind mit durchschnittlichem Gartenboden und einem sonnigen bis halbschattigen Standort zufrieden. Wenn der Boden nährstoffarm ist, sind sie für gelegentliche Düngergaben dankbar. Denken Sie aber daran, dass viele Kräuter zum Essen da sind, verwenden Sie deshalb nur organische Düngemittel. Wenn Sie ganz sicher gehen wollen, beschränkt sich auf selbst gemachten Kompost, auf den selbstverständlich keine Teile von erkrankten Pflanzen gehören.

Mehrjährige Stauden, deren oberirdische Teile im Winter absterben, sollten Sie im Spätherbst bis knapp über dem Boden zurückschneiden. So wird verhindert, dass die trockenen Triebe in nassen Wintern faulen oder sich Pilze darauf ansiedeln, die auch der Wurzel schaden könnten.

Kräuter aus dem Mittelmeerraum, beispielsweise Rosmarin, Thymian oder Oregano, fühlen sich in der prallen Sonne wohl und brauchen einen sehr gut durchlässigen Boden. Trockenheit macht ihnen wenig aus, bei zu viel Nässe dagegen können ihre Wurzeln faulen. Darum ist es ratsam, eine gute Portion sauberen Gartensand unterzugraben, damit sie nicht an Staunässe leiden. Verholzende Sträucher wie Rosmarin und Lavendel sollten nach der Blüte gestutzt werden, damit sie schön buschig wachsen. Allzu radikal darf man sie aber nicht zurückschneiden, denn aus den stark verholzten Teilen ihrer Zweige treiben sie meistens leider nicht wieder aus.

Waldmeister und Bärlauch gehören zu den wenigen Kräutern, die auch an Schattenplätzen gedeihen. Wenn sie sich wohlfühlen, breiten sie sich aber schnell flächig aus und können zur Plage werden. Im Kräuterbeet oder im Ziergarten sind sie nicht so gut aufgehoben, aber als Bodendecker unter Sträuchern sind sie mir sehr willkommen, denn wo sie sich breit machen, kann sich kein Unkraut ansiedeln.

Wenn im Herbst das Laub von den Sträuchern fällt, lasse ich es dort liegen, damit es zu Laubkompost verrottet. Es lockert den Boden auf und führt ihm Nährstoffe zu, was die Kräuter zu schätzen wissen.

Kräuter in Kübeln sind praktisch und dekorativ, müssen aber regelmäßig gegossen und gedüngt werden. Weil die Nährstoffe im Kübelsubstrat nach einiger Zeit verbraucht sind, sollten sie jährlich umgetoft werden, damit sie gesund bleiben.

Im lichten Schatten unter einem Laubbaum fühlen sich viele Kräuter wohl. Stellen Sie doch gleich den Garten-Esstisch daneben!

NUTSCENE
GARDEN TWINE
STRONG

Küchenkräuter im Kübel

Wer nur auf der Terrasse oder dem Balkon gärtnert, kommt um Kübel nicht herum. Es kann auch sein, dass sich die Lieblingskräuter im Gartenboden nicht wohlfühlen, weil er zu feucht ist oder weil der pH-Wert ihnen nicht zusagt. In einem Kübel kann man die Zusammensetzung des Pflanzsubstrates selbst bestimmen und so für optimale Bedingungen sorgen. Natürlich sind Kübel auch die beste Lösung für frostempfindliche Pflanzen, weil man sie leicht ins Winterquartier räumen kann. Und wenn Kräuter nach der Ernte unansehnlich aussehen, stellt man den Kübel einfach an einen Platz, an dem er nicht ins Auge fällt.

Auf den Kübelboden einige Tonscherben legen, damit das Loch im Boden nicht verstopft und überschüssiges Gießwasser abläuft.

Die meisten Kräuter kommen mit gewöhnlicher Blumenerde (Universalsubstrat) gut zurecht. Nicht ganz bis zum Rand einfüllen.

Die Kräuter einpflanzen. Hier steht ein mehrjähriger Rosmarin in der Mitte, ringsherum werden einige kleine Einjährige gesetzt.

Pflanzen Sie möglichst nur Kräuter in einen gemeinsamen Kübel, die ähnliche Ansprüche an Feuchtigkeit und Sonnenlicht haben.

Stecken Sie ruhig Namensetiketten dazu! Die Zwischenräume zwischen den Wurzelballen mit Substrat füllen, andrücken und gießen.

Denken Sie ans regelmäßige Gießen und Düngen. Mehrjährige Kräuter in Kübeln brauchen jedes Jahr im Frühling frische Erde.

Meine liebsten Kräuter

Es ist mir gar nicht leicht gefallen, für dieses Buch eine Auswahl meiner Lieblingskräuter zu treffen. Manche sind in der Küche einfach unentbehrlich, aus anderen braue ich gern einmal einen Tee gegen das eine oder andere Zipperlein. Einige finde ich wegen ihrer uralten Geschichte und der Anekdoten, die sich um sie ranken, einfach interessant, und wieder andere sehen im Garten großartig aus, blühen hübsch, duften wunderbar oder leisten ihren Nachbarpflanzen gute Dienste, indem sie Bienen und andere Bestäuber anlocken. Kräuter verstehen es einfach meisterlich, das Schöne mit dem Nützlichen zu verbinden.

Lavendel
Rosmarin
Kerbel
Minze
Liebstöckl

ALCHEMILLA VULGARIS

PFLANZENTYP | winterharte Staude

STANDORT | Halbschatten

Frauenmantel

Der botanische Name geht auf das arabische Wort alkemelych (Alchemie) zurück. Die Alchemisten schrieben den Tautropfen des Frauenmantels magische Kräfte zu.

ANBAU UND ERNTE Wer den Frauenmantel einmal im Garten hat, wird ihn nur schwer wieder los, weil er sich großzügig selbst aussät. Das lässt sich nur vermeiden, indem man die Blüten abschneidet, sobald sie zu welken beginnen. Ich hänge immer einige Bündel abgeschnittener Blüten zum Trocknen auf, weil sie sich ausgezeichnet als duftiges Füllmaterial für Blumensträuße eignen.

Frauenmantel ist relativ anspruchslos. Am wohlsten fühlt er sich an einem halbschattigen Plätzchen mit feuchtem Boden. Ältere Pflanzen müssen gelegentlich geteilt werden, um sie zu verjüngen. Auch als Kantenbepflanzung für ein Beet ist der Frauenmantel sehr dekorativ.

Junge Blätter, die frisch verbraucht werden sollen, schneide ich nach Bedarf während des ganzen Sommers. Wer Tee aus ihnen zubereiten möchte, erntet sie vor der Blüte. Die Blätter trocknet man am besten flach ausgebreitet und liegend. Danach können sie zwischen den Händen grob zerrieben und in eine Dose umgefüllt werden.

DAS SCHMECKT MIR Wenig bekannt ist, dass man die Blätter des Frauenmantels auch essen kann. Sie haben einen milden, zartbitteren Geschmack und sind eine ungewöhnliche Zutat für sommerliche Salate. Kleine, junge Blätter können im Ganzen verwendet werden – das sieht besonders schön aus. Größere Blätter sollten Sie lieber in Stücke zupfen.

DAS TUT MIR GUT Seinen deutschen Namen trägt der Frauenmantel aus gutem Grund, denn Tee aus seinen Blättern wird seit dem Mittelalter zur Linderung typischer Frauenbeschwerden geschätzt – vor allem bei Menstruationsschmerzen und Beschwerden in den Wechseljahren. Während der Schwangerschaft sollte er allerdings nicht getrunken werden.

Bei mir wächst der Frauenmantel als Beeteinfassung, und ich freue mich jedes Jahr im Frühsommer an den grünlich-gelben Blüten, die wie Schaumwolken über den Blättern schweben. Die genügsame Staude fühlt sich auch in Kübeln wohl und sieht in Hängeampeln bezaubernd aus. Im Herbst ziehen die Pflanzen das Laub ein. Sie können über Winter im Freien bleiben, sollten im Frühling aber in frische Erde umgetopft werden.

ALLIUM SCHOENOPRASUM

PFLANZENTYP | Winterhartes Zwiebelgewächs

STANDORT | Halbschatten oder Sonne

Schnittlauch

In Asien wurde Schnittlauch schon um 3000 v. Chr. als Heilkraut verwendet. Seit Marco Polo ihn von dort mitbrachte, hat er sich bei uns unentbehrlich gemacht.

Schnittlauch ist winterhart, treibt während der kalten Monate im Freien aber kaum neue Blätter. Darum steche ich jedes Jahr im Herbst einen Tuff ab, den ich in einen Blumentopf pflanze und in die Küche stelle. Im warmen Raum wächst der Schnittlauch stetig nach, und ich habe immer frische Halme zur Hand.

❧ **ANBAU UND ERNTE** Kleine Töpfe mit Schnittlauchpflanzen sind rund ums Jahr im Supermarkt erhältlich. Wer möchte, kann Schnittlauch aber auch im Spätwinter im Haus in Kästen oder Schalen säen und im Mai ins Freie pflanzen. Im späten Frühling ist auch die Direktsaat im Beet möglich. Um die gleiche Zeit teile ich ältere Pflanzen, die zu dicht geworden sind.

Es ist ratsam, die Blätter regelmäßig zu ernten, denn dadurch wird die Pflanze angeregt, neu auszutreiben. Schneiden Sie so viele Halme, wie Sie gerade brauchen, etwa 3 Zentimeter über dem Boden ab. Aber ernten Sie lieber abwechselnd von mehreren Tuffs, denn wenn Sie eine Pflanze radikal plündern, wird sie zu stark geschwächt und bildet keine neuen Blätter.

❧ **DAS SCHMECKT MIR** Schnittlauch gehört zu den Klassikern im Kräutergarten. Die Blätter mit dem feinen Zwiebelaroma sind aus Quarkzubereitungen und Kräuterbutter nicht wegzudenken, und auch zu Tomatensalat oder milden Eiergerichten passen sie ausgezeichnet.

Wenn man zurückhaltend erntet, bildet der Schnittlauch Blüten in Dunkelviolett bis Blassrosa, die eine hübsche – und essbare – Dekoration für Salate abgeben.

Mindestens ebenso gern mag ich den Chinesischen Schnittlauch *(Allium tuberosum)*, dessen Halme und weiße Blüten dezent nach Knoblauch schmecken.

❧ **DAS TUT MIR GUT** Wie alle Zwiebelgewächse besitzt der Schnittlauch antiseptische Wirkung, darum wurde er schon vor Jahrtausenden als „Gegengift“ eingesetzt. Er enthält ätherische Öle, die den Blutdruck und die Verdauung günstig beeinflussen. Obendrein ist er reich an Vitamin C, darum kommt er vor allem in den Wintermonaten öfter auf den Tisch, um das Immunsystem anzukurbeln.

ALLIUM URSINUM

PFLANZENTYP | Winterhartes Zwiebelgewächs

STANDORT | Halbschatten

Bärlauch

ANBAU UND ERNTE Bärlauch lässt sich leicht aus Samen ziehen, die man im Herbst direkt an den geplanten Standort legt und dünn mit Erde bedeckt. Dort keimen sie im Frühling. Die Pflanzen säen sich reichlich selbst aus und machen sich im Kräuterbeet breiter als mir lieb ist. Weil sie sich im Halbschatten wohl fühlen, habe ich ihnen einen Platz unter den Sträuchern am Rand des Gartens gegeben, wo sie sich ungestört ausbreiten dürfen. Ältere Pflanzen können im Spätsommer nach der Blüte geteilt werden.

Junge Blätter und Blüten verwende ich roh zum Würzen und für Salate. Sie lassen sich gut einfrieren, beim Trocknen verlieren sie aber an Aroma.

DAS SCHMECKT MIR Frische, junge Bärlauchblätter sind eine würzige Zutat zu Kräuterquark. Am besten schmecken sie, wenn man sie im Frühling erntet, bevor sich die Blüten bilden. Das kräftige Knoblaucharoma der Blätter passt auch zu deftigen, sättigenden Salaten – zum Beispiel Nudelsalat mit Kichererbsen, türkischer Knoblauchwurst und Oliven – die mit den essbaren Blüten dekoriert werden können. Ältere Blätter sind etwas faseriger. Man kann sie aber mit Küchengarn bündeln, in Nudelsoßen oder mediterranen Gemüsegerichten mitkochen und später herausnehmen. Wenn die Ernte sehr reich ausfällt, verarbeite ich die Blätter mit gutem Olivenöl, Parmesan und Walnüssen zu einem Pesto.

DAS TUT MIR GUT Die hübschen Blüten des Bärlauchs erscheinen im Spätfrühling auf 30–50 cm langen Stielen und machen in Sträußen eine gute Figur – allerdings nur auf der Terrasse, denn auch sie „duften" nach Knoblauch.

Bärlauch ist mit dem Knoblauch verwandt, wirkt wie dieser antiseptisch und enthält ätherische Öle, die den Blutdruck senken.

Ein Absud der Blätter wirkt desinfizierend und kann verwendet werden, um Arbeitsflächen abzuwischen.

Vorsicht, Verwechslungsgefahr!

Bärlauchblätter ähneln in Form und Größe den Blättern von Maiglöckchen, die giftig sind. Beide Pflanzen gedeihen an ähnlichen Standorten und breiten sich flächig aus. Bärlauch ist an seinem Knoblauchduft zu erkennen. Wer ganz sicher gehen will, erntet Bärlauch nur im zeitigen Frühling, bevor die Maiglöckchen austreiben.

Bärlauch war lange Zeit in Vergessenheit geraten. In den letzten Jahren, seitdem die bodenständige, regionale Küche wieder hoch im Kurs steht, erlebt er eine Renaissance.

Für den Vorrat

Rosmarin, Thymian und andere immergrüne Kräuter lassen sich rund ums Jahr ernten, deshalb könnte man eigentlich darauf verzichten, sich einen Vorrat anzulegen. Ich trockne trotzdem gerne eine kleine Portion, um mir bei kaltem Regenwetter den Gang in den Garten zu ersparen.

Andere Kräuter haben nur eine relativ kurze Erntezeit. Wer sie außerhalb ihrer Saison genießen möchte, ist also gut beraten, sie zu konservieren.

❧ **TROCKNEN** Am einfachsten ist es, Kräuter zu Sträußchen zu bündeln und zum Trocknen in einen gut belüfteten, nicht zu warmen Raum zu hängen. Die Sträuße müssen recht klein sein, damit die Luft auch zwischen den Blättern zirkulieren kann. Zum Bündeln nehme ich Gummibänder, die sich zusammenziehen, wenn die Stiele beim Trocknen schrumpfen. Hängende Sträuße trockener Kräuter sehen in der Küche dekorativ aus, doch mit der Zeit stauben sie ein, ihr Aroma verfliegt und sie werden unbrauchbar. Wer sie zum Würzen benutzen will, sollte sie darum abnehmen, sobald sie trocken sind. Dann werden die Blätter abgestreift, grob zwischen den Fingern zerrieben und in dicht schließende Gefäße gefüllt.

In durchbrochenen Obststeigen oder auf Gittern können Kräutersträuße oder größere Blätter auch liegend getrocknet werden. Dann darf man aber nicht vergessen, sie von Zeit zu Zeit zu wenden.

❧ **EINFRIEREN** Viele Kräuter eignen sich ausgezeichnet zum Einfrieren. Am praktischsten ist es, sie fein zu zerkleinern und in Eiswürfelformen einzufrieren, sodass man immer eine passende Portion zur Hand hat. Größere Mengen gehackter Kräuter fülle ich in Gefrierbeutel, die ich ganz flach drücke, ehe ich sie ins Eisfach lege. Bei Bedarf breche ich von der Kräuterplatte dann einfach ein Stück ab – wie von einer Tafel Schokolade.

ANETHUM GRAVEOLENS

PFLANZENTYP | Einjährige

STANDORT | Sonne

Dill

Die milden Wirkstoffe des Dills sind in verschiedenen Präparaten für Kinder enthalten. Ein traditionelles Einschlafmittel – aber bitte nur für Erwachsene – ist Dillwein: Einen Esslöffel grob zerstoßene Dillsamen in einen Teefilter geben, mit einer Tasse heißem Weißwein übergießen, kurz ziehen lassen und vor dem Einschlafen trinken.

ANBAU UND ERNTE Dill fühlt sich an einem Sonnenplatz mit durchlässigem Boden wohl. Ein windgeschützter Standort ist ratsam, denn die zart gebauten Pflanzen werden bis zu 1 Meter hoch.

Ausgesät wird ab April direkt im Freiland. Am besten sät man alle zwei bis drei Wochen eine kleine Portion, um über einen längeren Zeitraum frisch ernten zu können. Ich säe einen Teil meines Dills in dichten Reihen. Von diesen Pflanzen schneide ich das Kraut, anschließend ziehe ich sie aus der Erde.

Pflanzen, die zur Verwertung der Blütenstände oder Samen ausreifen sollen, säe ich von vornherein in Abständen von etwa 20 Zentimetern, weil Dill lange Pfahlwurzeln bildet und sich schlecht umpflanzen lässt. Wenn sich die Samen bräunlich färben, schneide ich sie ab, bündele sie und stecke sie kopfüber in Papiertüten. Die reifen Samen fallen nach dem Trocknen herunter und werden von den Tüten aufgefangen.

DAS SCHMECKT MIR Dill gehört zu den Saisonkräutern, denn beim Einfrieren und Trocknen leidet das Aroma. Traditioneller Gurkensalat oder Graved Lachs sind ohne frische Dillspitzen nicht vorstellbar. Saure Sahne, verrührt mit einem Teelöffel Senf, einer Prise Zucker und reichlich frischen Dillspitzen, schmeckt wunderbar zu gebratenem Stint, gegrilltem Fisch oder Pellkartoffeln.

Dillsamen schmecken kräftiger als die Blättchen. Traditionell verwendet man sie als Brotgewürz. Sie sind aber auch eine leckere Zutat für kräftige Gemüsegerichte.

DAS TUT MIR GUT Ein Tee aus Dillsamen beruhigt den Verdauungsapparat und lindert Blähungen. Sein Geschmack ist angenehm mild, ähnlich wie Fenchel. Er wirkt sanft beruhigend, erleichtert das Einschlafen und fördert bei stillenden Müttern den Milchfluss.

Kindern gab man früher vor dem Kirchgang Dillsamen zu kauen. So waren sie beschäftigt, konnten besser still sitzen und bekamen nicht so schnell Hunger.

Dekorative Dolden

Alternativen

Fenchel
Möhre
Kümmel
Koriander
Liebstöckel
Petersilie
Sellerie
Pastinake

Dill ist mit seinem filigranen Blattgrün und den lockeren, gelblichen Blütendolden eine so hübsche Erscheinung, dass man ihn auch in den Ziergarten zwischen niedrigere, kompakt wachsende Blumen pflanzen kann. Weil Dill sich leicht aussät, empfiehlt es sich aber, die Blüten vor der Samenreife abzuschneiden, damit man im folgenden Jahr keine unliebsamen Überraschungen erlebt.

Blattwerk und Blüten von Dill verwende ich gern großzügig zum Auflockern von sommerlichen Blumensträußen, manchmal stelle ich sogar eine Vase mit nichts als Dill und wilder Möhre vom Feldrand auf den Küchentisch. Auch mit getrockneten Samenständen von Dill und anderen Doldenblütlern lassen sich zarte Dekorationen zaubern.

Wenn man die Samenstände von Doldenblütlern trocknet, verfärben sie sich oft silbrig-beige. Der Farbton passt gut zu mattem Metallglanz – etwas trockener Dill und vielleicht einige Samenkapseln vom Mohn (gegenüber) oder Jungfer im Grünen, ein Becher oder eine Schachtel aus Zinkblech, fertig ist eine natürliche, stilvolle Tischdekoration für ein herbstliches Menü. Dazu passen eine Tischdecke und Servietten aus schlichtem, naturfarbenem Leinen.

Ich verwende die filigranen, trockenen Samen manchmal auch gern als Schmuck für Päckchen, die ich einfach in braunes Packpapier oder dekorativ bedrucktes Zeitungspapier wickele und mit einem Lederband oder mit Gartenbast verschnüre: ungewöhnlich, individuell und ganz preiswert!

Dill wurde als Heil- und Würzpflanze schon im alten Ägypten kultiviert.

Der größte Doldenblütler, der bei uns wächst, ist der Riesen-Bärenklau. Mit seinen 3 bis 4 Meter Höhe sieht er eindrucksvoll aus, enthält aber Stoffe, die in Verbindung mit Sonnenlicht heftige Hautreizungen verursachen können.

Angelica

ANGELICA ARCHANGELICA

PFLANZENTYP | Winterhart, kurzlebige Staude

STANDORT | Halbschatten

Angelika

ANBAU UND ERNTE Angelika oder Engelwurz gedeiht am besten an einem Platz, an dem die Wurzeln im Schatten liegen, die Blüten aber Sonne bekommen. Windschutz ist ratsam, denn die Pflanzen können bis 2,5 Meter hoch werden.

Ausgesät wird im Frühherbst an Ort und Stelle. Die Sämlinge brauchen keinen Winterschutz. Die Blütenstände sollte man frühzeitig abschneiden, denn die Pflanzen sterben nach der Samenbildung oft ab. Außerdem lässt sich so verhindern, dass sie sich selbst aussäen.

Junge Blätter werden im Frühling und Frühsommer geerntet, zweijährige Triebe schneidet man im Spätfrühling vor der Blütenbildung. Wer einige Blüten stehen lässt, kann im Frühherbst die Samen sammeln.

DAS SCHMECKT MIR Angelika gehört zu den weniger bekannten Kräutern, den meisten Menschen ist sie allenfalls kandiert geläufig. Wer es selbst probieren will, blanchiert die Stängel kurz und zieht dann die faserige Haut ab. Die geputzten Stängelstücke wiegen, mit der gleichen Menge Zucker bestreuen und abgedeckt 48 Stunden stehen lassen. Mitsamt dem ausgetretenen Saft langsam kochen, bis die Stängel glasig werden. Wieder abgießen, mit Zucker bestreuen und bei 100 °C im Backofen trocknen.

Einfacher ist es, Stücke von zweijährigen Stängeln in Obstkompott mitzukochen. Zarte, junge Blätter und Stängel kann man roh verwerten. Sie haben einen feinen Anisgeschmack, der gut zu milden Salaten oder zu gedünstetem Fisch passt. Ich sammle jedes Jahr auch eine kleine Portion der Samen, um damit marokkanische Gerichte zu würzen.

DAS TUT MIR GUT Wurzeln und Blätter enthalten Stoffe, die die Verdauung und Wasserausscheidung fördern. Im Frühling sind die jungen Blätter eine entschlackende Salatzutat. Tee aus den getrockneten Blättern schmeckt angenehm und ist ein wirkungsvolles Mittel bei Erkältungen.

Über die Herkunft des deutschen Namens Engelwurz gibt es verschiedene Versionen. Weil die Angelika abtreibend wirkt, zählte man sie im Mittelalter zu den geheimnisvollen Kräutern der Engelmacherinnen.

Schwangere Frauen und Diabetiker sollten auf den Genuss von Angelika in jeder Form verzichten. Bei empfindlichen Menschen kann die Berührung mit der Pflanze Hautreizungen verursachen.

Der Überlieferung zufolge soll der Erzengel Michael dieses Kraut einem Mönch gezeigt haben, der ein Mittel gegen die Pest suchte.

ANTHRISCUS CEREFOLIUM

PFLANZENTYP | Winterharte Zweijährige, wird einjährig kultiviert

STANDORT | Halbschatten

Kerbel

ANBAU UND ERNTE Am besten sät man regelmäßig kleinere Portionen, um immer frisch ernten zu können. Weil Kerbel Kälte gut verträgt, kann damit schon im März begonnen werden. Spät ausgesäter Kerbel kann noch bis in den Winter geerntet werden, wenn mit der Petersilie kein Staat mehr zu machen ist.

Er gedeiht im Beet oder in einem großen Kübel im Freien, auf der Fensterbank tut er sich schwerer. Ideal ist ein halbschattiger Platz, denn bei zu viel Sonne schießt er schnell in Saat.

6–8 Wochen nach der Aussaat können die frischen Blätter geschnitten werden. Am Ende der Saison grabe ich die Pflanzen aus, weil sich das Aroma der Blätter verändert, wenn sie im zweiten Jahr Blüten bilden.

DAS SCHMECKT MIR Kerbel hat ein wunderbar zartes Aroma mit Anklängen an Anis. Er passt zu milden Fisch- und Geflügelgerichten, zu Eiern, Kräuterquark und leichten, sahnig-frischen Suppen. Traditionell gibt man ihn an die berühmte Frankfurter Grüne Soße. Ich mag ihn auch einfach frisch gehackt auf Brot mit Butter oder mildem Brie.

Zu gekochten Gerichten sollte man Kerbel erst ganz am Ende der Garzeit geben, weil sonst sein Aroma zerstört wird.

Kerbel kann eingefroren werden, beim Trocknen verliert er jedoch sein Aroma.

DAS TUT MIR GUT Kerbel ist ein wertvoller Vitamin-C-Lieferant. Er enthält verschiedene ätherische Öle und Bitterstoffe, die die Nieren und die Verdauung anregen, darum ist er ein guter Helfer, wenn man im Frühling dem Winterspeck zu Leibe rücken und den Körper entschlacken möchte. Wie praktisch, denn gerade um diese Zeit schmecken die frischen Blätter am besten.

Die Blütenstände des Kerbels verwende ich gern für zarte Dekorationen. Ob als improvisierter Serviettenschmuck oder mit Frauenmantelblüten in einem Kränzchen: Die zierlichen Doldenblüten sehen einfach bezaubernd aus.

Kerbel keinesfalls in freier Natur sammeln! Er ist mit einigen hoch giftigen Pflanzen eng verwandt und sieht ihnen sehr ähnlich – etwa dem Gefleckten Schierling *(Conium maculatum)*, der schon Sokrates ums Leben brachte.

Früher wurde Kerbel als blutreinigendes Kraut vor allem in der Fastenzeit geschätzt.

ARTEMISIA DRACUNCULUS

PFLANZENTYP | Winterharte Staude

STANDORT | Sonne, feuchter Boden ohne Staunässe

Estragon

❧ **ANBAU UND ERNTE** Beim Kauf einer Estragon-Jungpflanze sollten Sie das Sortenetikett genau lesen. Russischer Estragon ist zwar robust, schmeckt aber unangenehm bitter. Viel feiner ist der Geschmack von französischem und deutschem Estragon. Die Aussaat ist schwierig, man kann jedoch im Sommer Triebstecklinge schneiden, um die Pflanzen zu vermehren. Ältere Pflanzen sollten alle zwei bis drei Jahre geteilt werden, sonst wird ihr Aroma allmählich schwächer. Estragon gedeiht gut im Kübel, der jedoch nicht zu klein sein darf. Verzichten Sie auf Dünger, dann wird der Geschmack intensiver.

Während der gesamten Wachstumszeit können die jungen Blätter und Triebspitzen geerntet werden. Am besten verwertet man sie frisch oder friert sie ein. Beim Trocknen verlieren sie an Aroma.

❧ **DAS SCHMECKT MIR** Haben Sie schon einmal ein mit Estragon gefülltes Brathähnchen probiert? Ebenso gut passt das süßlich-herbe Aroma zu milden Suppen und zu Eiergerichten. Legen sie im Sommer auch einige Stängel in Essig oder Öl ein. Estragonessig schmeckt sehr gut zu Gurkensalat, und mit Estragonöl pinsele ich im Sommer Fisch auf dem Grill ein, damit er nicht trocken wird.

Zur Gattung Artemisia gehören noch andere wertvolle Kräuter. Die meisten wirken durch ihre Bitterstoffe anregend auf die Verdauung. Es hat schon seinen Sinn, dass man fetten Gänsebraten traditionell mit Beifuß *(Artemisia vulgaris)* würzt.

❧ **DAS TUT MIR GUT** Aus Estragon kann man einen Tee zubereiten, aber er entfaltet seine verdauungsfördernde Wirkung schon, wenn man ihn einfach als Gewürz verwendet. Weil er schwach anästhetisch wirkt, kann das Zerkauen einiger Blätter Linderung bei leichten Zahnschmerzen verschaffen. Traditionell setzte man ihn auch zur Behandlung von Wurmbefall ein.

Ältere Blätter von Estragon, die zum Verzehr zu hart sind, tun im Kleiderschrank noch gute Dienste. Ebenso wie seine robusteren Verwandten Beifuß, Wermut *(A. absinthium)* und Eberraute *(A. abrotanum)* ist Estragon ein wirksames Mittel, um Motten zu vertreiben.

Ein alter Name des Estragons ist Schlangenkraut, denn er galt früher als Mittel gegen Schlangenbisse.

BORAGO OFFICINALIS

PFLANZENTYP | Einjährige

STANDORT | Sonne bis Halbschatten

Borretsch

Der Sonnenkönig Ludwig XIV. ließ Borretsch in Versailles anbauen, weil ihm das Blau der Blüten so gut gefiel. Es gibt aber auch Arten, die weiß oder rosa blühen.

Ein alter Name für Borretsch ist „Wohlgemutsblume“. Ob er sich auf die wirksamen Inhaltsstoffe oder das heitere Aussehen bezieht, ist ungeklärt. Gute Laune macht dieses hübsche Kraut allemal – im Beet, auf dem Teller oder als schnelle Tischdekoration.

ANBAU UND ERNTE Vom späten Frühling an kann Borretsch direkt an Ort und Stelle gesät werden. Legen Sie einige Körner etwa 1 bis 2 Zentimeter tief in die Erde und zupfen Sie später die schwächeren Sämlinge aus. Wegen der langen Pfahlwurzeln sollte der Boden recht locker sein. Die Pflanzen brauchen in windigen Lagen eine Stütze. Ansonsten ist Borretsch recht anspruchslos.

Wegen der Größe der Pflanzen und der hübschen Blüten wächst Borretsch bei mir im Blumenbeet. Ich lasse immer einige Samenstände ausreifen, damit er sich selbst aussät. Geerntet werden während der ganzen Wachstumszeit die jungen Blätter. Die Blüten verwende ich gern als essbare Dekoration oder trockne sie für Potpourris.

DAS SCHMECKT MIR Ein Sommerfavorit ist Salat mit neuen Kartoffeln und einem leichten Joghurtdressing, das durch jede Menge Borretschblätter, Zitronenmelisse und Dill appetitlich hellgrün aussieht. Weil nicht jeder die zart behaarten Blättchen im Mund mag, ist es ratsam, sie fein zu hacken. Traditionell gibt man Borretsch an Gurken und an Frankfurter Grüne Soße, aber er passt auch zu anderen milden Gerichten – von Quark über Eier bis Geflügel. Mitkochen sollte man ihn allerdings nicht. Die sternförmigen Blüten, einzeln mit etwas Wasser in Eiswürfelformen eingefroren, sind eine zauberhafte Dekoration für gekühlte Getränke und sorgen als Einlage in der Saftbowle zum Kindergeburtstag jedes Jahr wieder für Begeisterung.

DAS TUT MIR GUT Borretschtee enthält Schleimstoffe, die bei Reizhusten beruhigend wirken. Wegen seiner blutreinigenden und entwässernden Wirkung trägt er zur Linderung von rheumatischen Beschwerden bei. Außerdem besitzt er eine mild stimmungsaufhellende Wirkung, die bei hormonell bedingten Stimmungstiefs auf sanfte Weise Abhilfe schafft.

CALENDULA OFFICINALIS

PFLANZENTYP | Einjährige

STANDORT | Sonne bis Halbschatten

Ringelblume

ANBAU UND ERNTE Ringelblumen werden ab März direkt an Ort und Stelle gesät. In milden Gegenden kann auch im Herbst ausgesät werden, dann ist es aber eventuell nötig, die Jungpflanzen vor Frost zu schützen. Säen Sie nicht zu eng, sonst kann es wegen schlechter Luftzirkulation zu Pilzkrankheiten kommen. Abstände von 20 bis 30 Zentimetern zwischen den Pflanzen sind ratsam.

Verwertet werden hauptsächlich die Blüten, die man am besten an sonnigen Tagen pflückt. Man kann auch einzelne Blütenblätter von gerade geöffneten Blüten abzupfen. Wer sie nicht frisch verbraucht, kann sie trocknen.

DAS SCHMECKT MIR Die essbaren Ringelblumenblüten schmecken pikant und sind eine originelle Dekoration für sommerliche Salate. Gart man sie mit, geben sie beispielsweise Rührei oder Reisgerichten eine kräftig gelbe Farbe. Nicht umsonst wurde die Ringelblume früher als preiswerter Ersatz für Safran verwendet.

Ich gebe die gehackten Blütenblätter auch gern an herzhafte Teige, etwa für Käsemuffins oder Brötchen zum Wochenendfrühstück. Eine gute Portion getrockneter Blüten lege ich jedes Jahr in mildes Öl ein – für Salate, und um die Haut damit einzureiben.

DAS TUT MIR GUT Die Blüten vertreiben mit ihren strahlenden Gelb- und Orangetönen jede trübsinnige Stimmung – Grund genug, reichlich Ringelblumen zu säen und sich im Garten oder in der Vase einfach an ihrem Anblick zu erfreuen.

Vor allem ist die Ringelblume aber als Heilkraut für die Haut bekannt. Sie enthält Wirkstoffe, die Pilze und Bakterien bekämpfen, bei Verbrennungen Linderung bringen und die Heilung beschleunigen. Bei Insektenstichen genügt es oft schon, einige Blätter oder Blüten auf der Haut zu zerreiben, um Schmerz und Juckreiz zu lindern. Tee aus Blüten und Blättern ist eine wirksame Gurgellösung bei Entzündungen in Mund und Rachen.

Im Mittelalter wurde Ringelblumentee zur Vorbeugung gegen Menstruationsbeschwerden angewandt. Darauf verweist der botanische Name. Er leitet sich von dem lateinischen Wort *calendae* ab, das den Ersten eines jeden Monats bezeichnet.

Wenn man regelmäßig Blüten erntet, bildet die Pflanze bis zum Ende der Saison immer wieder neue.

CARUM CARVI

PFLANZENTYP | Winterharte Zweijährige

STANDORT | Sonne

Kümmel

Wer Kümmelschnaps selbst herstellen möchte, zerstößt 50 bis 75 g Kümmelsamen im Mörser und lässt sie an einem sonnigen Platz etwa zwei Wochen in klarem Schnaps ziehen. Danach kann die Flüssigkeit abgefiltert und in eine hübsche Flasche umgefüllt werden.

❧ **ANBAU UND ERNTE** Kümmel sät man am besten ab April direkt an Ort und Stelle aus. Die Samen nicht mit Erde bedecken, sie brauchen Licht zur Keimung. Es ist zwar möglich, ihn früher im Haus vorzuziehen, doch wenn beim Auspflanzen die langen Wurzeln beschädigt werden, war die Mühe umsonst. Säen Sie weiträumig. Im ersten Jahr werden die Pflanzen etwa 20 Zentimeter hoch, im zweiten erreichen sie leicht 60 Zentimeter Höhe und 30 Zentimeter Breite. In kalten Wintern ist es ratsam, die Pflanzen mit Reisig abzudecken.

Im ersten Jahr schneide ich gelegentlich einige junge Blätter und mische sie unter den Salat. Im zweiten Jahr ernte ich die Samenstände, bevor die Samen trocknen und auf die Erde fallen.

❧ **DAS SCHMECKT MIR** Kümmel ist das klassische Gewürz für Kohlgerichte, aber er kann noch mehr. Bei uns verschwindet selbst gebackenes Knäckebrot mit Körnern, Kümmel und grobem Salz oft, bevor es richtig abgekühlt ist. Auch Kartoffelspalten in Öl und Kümmel gewälzt und im Ofen gebacken, stehen hoch im Kurs.

Kreuzkümmel *(Cuminum cyminum)*, ebenfalls ein Doldenblütler, hat einen festen Platz in der arabischen Küche, gehört aber auch in ein gutes Chili con Carne. Leider ist Saatgut für den Garten nicht ganz einfach zu bekommen.

Schwarzkümmel *(Nigella sativa)* ist eine dritte Art mit wieder anderem Geschmack. Er spielt in der arabischen und indischen Küche eine Rolle. Unter dem Namen Jungfer im Grünen *(Nigella damascena)* ist er als Zierpflanze für den Garten bekannt.

❧ **DAS TUT MIR GUT** Es ist kein Zufall, dass Kümmel seit jeher an deftige, schwer verdauliche oder fette Speisen gegeben wird. Seine Inhaltsstoffe unterstützen die Verdauung und lindern Blähungen und Völlegefühl. Aus demselben Grund wird nach einem mächtigen Essen oft Kümmelschnaps oder Aquavit als „Verteiler“ serviert. Milder, aber ebenso zuverlässig wirkt Kümmeltee (1 EL Samen auf 1 Tasse kochendes Wasser), und mit einem Löffel Honig schmeckt er auch Kindern.

Im Mittelalter würzten kräuterkundige Hausfrauen auch aus einem anderen Grund gern mit Kümmel: Man sagte den Samen nach, dass sie den Liebsten am Fremdgehen hinderten …

Kräuterbeet – Stein auf Stein

Der Boden in meinem Garten ist an manchen Stellen sehr schwer, tonig und feucht – leider gerade an den Sonnenplätzen in der Nähe der Hintertür, wo ich gern ein paar Gewürzkräuter in praktischer Nähe zur Küche und zur Terrasse mit dem Grill hätte. Weil sonnenhungrige Kräuter, vor allem die Leckeren aus dem Mittelmeerraum, aber am besten auf leichtem, sehr durchlässigem Boden gedeihen, mussten erst die richtigen Bedingungen geschaffen werden: in einem gemauerten Hochbeet.

Sollen sich mehrere Kräuter ein Beet teilen, achten Sie darauf, dass alle ähnliche Ansprüche an Standort und Boden stellen.

Weil ich ungeduldig bin, habe ich die Kräuter für das erste Jahr nicht ausgesät, sondern im Gartencenter kleine Töpfe gekauft.

Die Einfassung aus gebrauchten Backsteinen ist schnell gemauert. Wenn die Mauern niedrig sind, geht es auch ohne Fundament.

Eine dicke Lage Reisig, Strauch- und Heckenschnitt – ruhig schön grob – wird als Dränageschicht auf dem Boden verteilt.

Zum Auffüllen des Beets wird Blumenerde mit grobem, sauberem Sand gemischt. Das geht am besten in der Schubkarre.

Die Pflanzen einsetzen und zum Schluss die freie Erde mit hübschen Steinen abdecken, damit sich kein Unkraut ansiedeln kann.

CORIANDRUM SATIVUM

PFLANZENTYP | Einjährige

STANDORT | Sonne

Koriander

Dieses Heil- und Würzkraut hat sich über Jahrtausende behauptet: Es wird schon im Alten Testament erwähnt.

ANBAU UND ERNTE Ab April oder Mai kann Koriander in lockeren Boden gesät werden. Abstände von mindestens 15 Zentimeter sind ratsam. Wer hauptsächlich die Blätter verwenden möchte, sollte alle zwei bis drei Wochen jeweils kleine Portionen säen, um über längere Zeit frisch ernten zu können.

Wenn Sie die Samen ernten wollen, müssen Sie die Pflanzen stützen. Die hohen, zarten Stängel haben am Gewicht der reifenden Samenstände schwer zu tragen. Wenn die Samen hellbraun werden – und ehe sie abfallen – werden die Samenstände abgeschnitten. Danach die Pflanzen aus der Erde ziehen und kompostieren. Die essbaren Wurzeln eignen sich zum Würzen von Gemüseeintöpfen, wobei das Abschrubben und Schälen recht mühsam ist.

DAS SCHMECKT MIR Koriandersamen werden in der deutschen Küche seit Jahrhunderten als Gewürz für Brot und Eingemachtes verwendet. Ihr feines Aroma mit einem Anklang an Orange harmoniert auch sehr gut mit Geflügel und hellem Fisch. Koriandersamen gehören in die klassische Gewürzmischung für Lebkuchen (von der ich gern eine Prise an dunkle Bratensauce gebe), sie sind aber auch in vielen indischen Currymischungen enthalten.

Die Blätter schmecken völlig anders. Ihr pikantes, unterschwellig öliges Aroma hat einen festen Platz in der Küche Südostasiens, wo Koriandergrün so allgegenwärtig ist wie hier Petersilie. Auch in der Küche des südlichen und östlichen Mittelmeerraums wird gern mit Koriander gewürzt. Die essbaren Blüten sind eine hübsche Dekoration für Salate oder Couscous.

DAS TUT MIR GUT Ein Tee aus Koriandersamen duftet wunderbar, schmeckt angenehm und bringt Linderung bei leichten Verdauungsbeschwerden, Völlegefühl oder Blähungen. Wer möchte, kann die Samen auch mit Fenchel oder Kümmel mischen, um die Wirkung zu unterstützen. Für eine Tasse Tee lasse ich 1–2 Teelöffel leicht zerdrückte Samen etwa 10 Minuten ziehen.

Koriander schießt bei Wassermangel schnell in Saat und bekommt gelbe Blätter. Auch darum ist es sinnvoll, durch Folgesaaten eine Reserve zu schaffen. Am würzigsten schmecken sie roh. Zu warmen Gerichten gibt man sie kurz vor dem Servieren, denn langes Kochen schadet ihrem Geschmack. Wegen der hübschen Form dürfen sie gern im Ganzen verwendet werden. Man kann sie einfrieren, aber beim Trocknen verlieren sie an Aroma.

ERUCA SATIVA

PFLANZENTYP | Meist einjährig kultiviert

STANDORT | Sonne oder Halbschatten

Rauke

Alle Teile der Rauke sind essbar – die jungen Blätter und die Blüten roh im Salat, die älteren Blätter gedünstet, die Samen als Gewürz. Wer möchte, kann sogar die Wurzeln ausgraben und an Eintöpfe geben. Das Schälen ist allerdings etwas mühsam.

ANBAU UND ERNTE Eigentlich ist die Rauke, auch Rucola, eine kurzlebige Staude, meist wird sie aber einjährig kultiviert. Im Garten kann sie ab Anfang April ausgesät werden – nicht zu dicht, denn die Pflanzen wachsen schnell und werden bis 50 Zentimeter groß. Schneidet man die Blättchen dicht über dem Boden ab, treibt die Pflanze meist noch einmal aus, ähnlich wie Schnittsalat.

Da ich Rauke überwiegend roh verwerte, säe ich alle drei bis vier Wochen nur einige Körner, um den ganzen Sommer lang frisch ernten zu können.

Rauke wächst auch in Kübeln gut, darf aber nicht zu reichlich gegossen werden, weil dadurch der Geschmack der Blätter schwächer wird. Bei Trockenheit bildet sie manchmal vorzeitig Blüten. Das ist aber keine Tragödie, denn erstens sind die kleinen, weißen Blüten als essbare Salatdekoration zu gebrauchen, und zweitens lohnt es sich, einige Blüten ausreifen zu lassen, um später die Samen zu ernten.

DAS SCHMECKT MIR Rauke war in Vergessenheit geraten, bis sie unter dem Namen Rucola mit trendigen italienischen Rezepten wieder auf unsere Teller gelangte. Gut so, denn ihr nussiges Aroma mit senfartiger Schärfe ist eine Bereicherung für herzhafte Salate. Ich mag sie auch pur, nur mit etwas Olivenöl beträufelt und großzügig mit Parmesanspänen bestreut.

Man kann die Blätter wie Spinat dünsten oder grob gehackt als würzige Zutat für eine Nudelsauce oder Lasagne verwenden.

Die Samen verwende ich wie Senfkörner zum Einlegen von Roten Beten oder Zucchini. Grob zerstoßen eignen sie sich auch als Gewürz für Schweinefleisch und gedünsteten Fisch.

DAS TUT MIR GUT Die Senföle der Rauke besitzen antibakterielle Wirkung und regen die Verdauung an. Außerdem ist das Kraut reich an Vitamin C. Weil sie ähnlich leicht keimt wie Kresse, kann man sie im Winter problemlos auf der Fensterbank ziehen.

Rauke war schon in der römischen Antike als Gewürzkraut beliebt. Ihr pikanter Geschmack verrät, dass sie mit dem Senf verwandt ist.

FOENICULUM VULGARE

PFLANZENTYP | Winterharte Staude

STANDORT | Sonne

Fenchel

❧ **ANBAU UND ERNTE** Der Gewürzfenchel ist eine mehrjährige Staude, wird in kühleren Gegenden aber meist zweijährig kultiviert. Man sät ihn im späten Frühling weiträumig an einem geschützten Platz und setzt die Pflanzen später um. Sie werden etwa 50 Zentimeter breit und bis 2 Meter hoch, brauchen also viel Raum. Lockerer Boden ist notwendig, denn die Pflanzen bilden lange Pfahlwurzeln. Die bronzeblättrigen Sorten sind besonders dekorativ, darum gönne ich einer stattlichen Pflanze einen Sonnenplatz im Hintergrund eines Staudenbeetes.

Die Blätter können im Sommer bis zur Blütezeit geerntet werden. Die Blüten sind eine ungewöhnliche Dekoration für Salate und Fischgerichte, und die Samenstände schneide ich ab, wenn die Samen beginnen, sich bräunlich zu färben.

❧ **DAS SCHMECKT MIR** Fenchel ist mein Lieblingsgewürz zu Fisch. Alufolienpäckchen mit Lachs auf einem Bett aus Möhren und Gemüsefenchel, gewürzt mit etwas Meersalz, frischem Fenchelgrün und Dill, lassen sich hervorragend vorbereiten. Nach Feierabend in den Ofen schieben, dann schnell in die Dusche verschwinden und umziehen, den Tisch decken (kann auch schon vorher erledigt werden), ein knuspriges Baguette aufschneiden und einen trockenen Weißen entkorken – den Nachtisch bringen die Gäste mit. Wenn die Zeit ausreicht, verrühre ich noch einen Becher Schmand mit etwas Senf und Zucker und garniere die Ruck-Zuck-Soße mit Fenchelblüten.

❧ **DAS TUT MIR GUT** Fenchel wird vor allem wegen seiner wohltuenden Wirkung auf die Verdauungsorgane geschätzt. Die Samen sind besonders reich an wertvollen Inhaltsstoffen. Es ist kein Zufall, dass man kleinen Kindern gegen den Durst Fencheltee gibt, denn er lindert Blähungen, die oft auftreten, wenn beim hastigen Trinken Luft geschluckt wird.

Ein Dampfbad mit einem Aufguss aus Fenchelsamen ist wohltuend, wenn die Haut im Winter durch Heizungsluft trocken ist und spannt.

Bei der Knolle des Gemüsefenchels handelt es sich eigentlich um fleischig verdickte Blattstiele. Auch die Stiele des Gewürzfenchels verdicken sich, allerdings weniger stark. Ich verwende sie gern zusammen mit dünnen Streifen von Möhren und Porree für Sudgemüse, das ich mit einem kräftigen Spritzer Zitronensaft würze.

Aus der Wildform, die schon seit Urzeiten als Heil- und Würzkraut kultiviert wird, hat sich neben dem Gewürzfenchel auch der fleischige Gemüsefenchel entwickelt.

GALIUM ODORATUM

PFLANZENTYP | Winterharte Staude

STANDORT | Halbschatten

Waldmeister

Waldmeister weckt nostalgische Erinnerungen an Götterspeise und den Duft von Omas Kleiderschrank.

Wenn dem Waldmeister sein Standort zusagt, breitet er sich mit seinem kriechenden Rhizom schnell über große Flächen aus. Für kleine Gärten hat er ein etwas zu einnehmendes Wesen, doch er gedeiht auch in einem großen Kübel mit einer Mischung aus normaler Blumenerde und etwas Laubkompost.

ANBAU UND ERNTE Waldmeister wächst in der Natur auf schattigen Waldböden, und auch im Garten mag er am liebsten einen Schattenplatz. Als Bodendecker unter Sträuchern hilft er, Unkraut in Schach zu halten.

Waldmeister wird im Herbst ausgesät, denn die Samen brauchen eine Kälteperiode, um zu keimen. Man kann etwas nachhelfen, indem man das Samentütchen 2–3 Wochen in den Tiefkühler legt. Die Blätter werden im Mai oder Juni geerntet, bevor sich die Blüten zeigen. Durch Trocknung wird ihr Aroma intensiver.

DAS SCHMECKT MIR In meiner Kindheit wurde traditionell zu Himmelfahrt eine Waldmeisterbowle angesetzt. Dafür war meine Großmutter zuständig. Sie band zwei Sträußchen mit Küchenzwirn zusammen, ließ sie über Nacht anwelken und hängte sie dann einige Stunden in eine Flasche leichten Weißwein, dem sie einen Schuss Weinbrand und etwas Zucker zusetzte. Manchmal bewahrte sie diesen Extrakt in einer dunklen Flasche auf, um ihn später weiter zu verarbeiten. Aufgefüllt wurde der Extrakt mit 2 Flaschen Weißwein und einer Flasche Sekt. Heute mag ich es lieber leichter, darum verzichte ich auf Weinbrand und Zucker und ersetze eine Flasche Wein durch Mineralwasser. Die Autofahrerversion, für die nur weißer Traubensaft und Mineralwasser verwendet werden, schmeckt auch Kindern gut.

DAS TUT MIR GUT Waldmeister, zu Sträußchen gebunden oder in Stoffsäckchen abgefüllt, ist ein traditioneller Wäscheduft, der Motten vertreiben soll. Wenn der Duft mit der Zeit nachlässt, bekommen die Säckchen eine zweite Chance – im Badewasser.

Ein Tee aus den getrockneten Blättern, nach Geschmack mit etwas Zitronenmelisse gemischt und mit Honig gesüßt, duftet wunderbar und wirkt angenehm entspannend.

HYPERICUM PERFORATUM

PFLANZENTYP | Winterharte, halb immergrüne Staude

STANDORT | Sonne

Johanniskraut

Das Johanniskraut wird seit dem Mittelalter als Heilpflanze geschätzt und heute wegen seiner medizinischen Bedeutung im großen Stil landwirtschaftlich angebaut.

ANBAU UND ERNTE Johanniskraut gedeiht am besten auf durchlässigem Boden. Es mag Sonne, kommt auch im Schatten zurecht, verträgt aber keine Staunässe. Weil es sich auf dem leichten Boden in meinem Garten allzu rasch ausbreitet, habe ich es in einen großen Kübel gepflanzt.

Die gelben Blüten, die den roten Farbstoff Hypericin enthalten, öffnen sich im Sommer um Johanni (24. Juni) – daher rührt der volkstümliche Name dieser Pflanze. In der Kräuterheilkunde kommen neben den Blüten auch die Blätter zum Einsatz.

Schneidet man die Pflanze nach der Blüte und der Ernte zurück, treibt sie noch einmal aus und ist mit ihrem Blattgrün ein schöner Schmuck für den herbstlich-kahlen Garten. Ich ernte jedoch nicht alle Blüten ab, denn die Beeren, die sich später bilden, sind eine hübsche Zutat für herbstliche Blumensträuße.

DAS TUT MIR GUT Linderung bei nervösen Beschwerden oder düsteren Stimmungstiefs bringt Tee aus getrockneten Blüten und Blättern des Johanniskrauts – eine Tasse täglich über mehrere Wochen.

Prellungen und Zerrungen, mit denen meine Söhne regelmäßig nach Hause kommen, reibe ich mit Johanniskrautöl ein. Dafür zerstoße ich etwa 125 g Blüten im Mörser, gebe sie in ein transparentes Glas und bedecke sie mit hochwertigem, kalt gepresstem Öl (z. B. Oliven- oder Rapsöl). Das Glas stelle ich etwa 6 Wochen an einen sonnigen Platz, bis sich das Öl rötlich färbt. Dann kann es abgefiltert und in eine dunkle Flasche umgefüllt werden. Wegen der antiseptischen und pflegenden Wirkung des Johanniskrauts reibe ich mir mit dem Öl gelegentlich die Hände ein, wenn die Haut durch Winterkälte oder Gartenarbeit besonders strapaziert ist.

Der Wirkstoff *Hypericin* kann die Lichtempfindlichkeit der Haut verstärken. Während der Anwendung von Johanniskrautpräparaten ist es darum ratsam, direkte Sonnenbestrahlung zu meiden. Bei Menschen mit sehr empfindlicher Haut kann es schon zu Hautirritationen kommen, wenn sie die Pflanze an einem sonnigen Tag berühren.

Die Kräuter-Hausapotheke

Kräuter können niemals die Beratung durch einen Arzt ersetzen. Sie können aber durchaus die körpereigenen Funktionen anregen, das Immunsystem stärken oder Heilungsprozesse unterstützen und so Abhilfe bei kleinen Zipperlein schaffen.

Es lohnt sich, einige Teekräuter auf Vorrat zu trocknen. Melisse, Dill oder Waldmeister entspannen und erleichtern das Einschlafen. Fenchel, Kümmel und Minze unterstützen die Verdauung, Salbeitee hilft bei Schweißausbrüchen und Hitzewallungen. Wenn am Abend Überstunden anstehen, koche ich mir keinen Kaffee, sondern eine Tasse Rosmarintee: Er macht mich im Kopf blitzwach und verbessert die Konzentrationsfähigkeit.

Kräuterhonig

Kinder finden Kräutertee oft scheußlich, zu Kräuterhonig lassen sie sich schon eher überreden. Um ihn herzustellen, genügt es, die frischen Kräuter mit flüssigem Honig zu übergießen und einige Wochen in die Sonne zu stellen. Über Nacht in einem Sieb abtropfen lassen. Wer mag, kann danach heißen Tee über die Kräuter gießen, um die letzten Honigreste „abzuspülen".

Thymianhonig, auf Butterbrot oder im Tee, hilft bei Erkältungskrankheiten und lindert Husten. Und warme Milch mit einem Esslöffel Lavendelhonig ist die beste Unterstützung für die Gutenachtgeschichte.

Hildegard von Bingen empfahl eine Heilsalbe mit Märzveilchen, die mit Hammeltalg zubereitet wurde. Das mag nicht mehr ganz zeitgemäß erscheinen, doch die wohltuende Wirkung äußerlicher Kräuteranwendungen wird noch heute geschätzt. Beinwellsalbe ist ein bewährtes Mittel gegen Zerrungen. Ein Geheimtipp bei eiskalten Füßen ist ein Fußbad mit Senfmehl aus der Apotheke. Salbeitee eignet sich hervorragend zum Gurgeln bei Halsschmerzen. Estragon und Gewürznelken können wegen ihrer leicht anästhetischen Wirkung Zahnschmerzen lindern.

Die Herstellung von Salben ist eine Wissenschaft für sich. Ich mache es mir lieber etwas leichter. Kräuteröle, einige Wochen in die Sonne gestellt oder eine halbe Stunde auf niedrigster Temperatur erhitzt, eignen sich gut zum Einreiben: Ringelblume gegen Sonnenbrand und Insektenstiche, Rosmarin und Wacholder gegen Muskelkater, Kamille und Majoran (gleich nach dem Duschen auf die feuchte Haut) bei PMS.

Hustensaft

Was tun, wenn ein Reizhusten quält und alle Apotheken geschlossen haben?

3 Zwiebeln (gehackt)
3 EL braunen Zucker und
3 EL flüssigen Honig
in einem geschlossenen Schraubglas über Nacht ziehen lassen.
Morgens den Sirup abgießen.
3–4-mal täglich 1 TL Teelöffel (Kinder) oder 1 EL (Erwachsene).

Beinwellsalbe

JUNIPERUS COMMUNIS

PFLANZENTYP | Winterhartes, immergrünes Nadelgewächs

STANDORT | Sonne

Wacholder

Zwergwüchsiger Wacholder ist ebenfalls in verschiedenen Wuchsformen erhältlich und eignet sich gut zur pflegeleichten Kübelbepflanzung. Von dem botanischen Namen Juniperus leitet sich der niederländische Name eines Wacholderschnapses ab – Genever – der im Englischen zu Gin verkürzt wurde.

ANBAU UND ERNTE Wacholder wächst in der Natur meist auf saurem Boden, er toleriert aber auch neutralen bis schwach alkalischen Gartenboden. Die Anzucht aus Samen ist recht schwierig. Sehen Sie sich lieber die Auswahl in einem guten Gartencenter an: Es gibt aufrechte, säulen- und kegelförmige, zwergwüchsige und kriechende Sorten. Alle sind wertvolle Strukturbildner für den Garten, und ihr immergrünes Nadelkleid ist auch im Winter ein schöner Anblick.

Damit sich Beeren entwickeln, benötigen Sie eine männliche und eine weibliche Pflanze. Nach der Ernte im Spätsommer trocknen Sie die Beeren am besten auf Gittern, die mit Stoff bedeckt sind.

DAS SCHMECKT MIR Wacholderbeeren werden traditionell zum Einmachen, für Sauerfleisch und natürlich zu Sauerkraut verwendet. Auch für Marinaden ist ihr harziger Geschmack eine Bereicherung. Ich bestreiche Koteletts vor dem Grillen gern mit einer Mischung aus Olivenöl mit einigen zerstoßenen Wacholderbeeren, gehacktem Knoblauch und grobem Pfeffer. Legt man während des Grillens einige Wacholderzweige auf die Glut, steigt ein duftender Rauch auf, der noch ein bisschen Extra-Aroma gibt – ganz abgesehen davon, dass er dem Volksglauben nach vor bösen Geistern schützt.

DAS TUT MIR GUT Zerstoßene Wacholderbeeren, übergossen mit kochendem Wasser, eignen sich gut zum Inhalieren bei Erkältungskrankheiten. Bei Muskelkater wirkt ein heißes Bad mit zerstoßenen Beeren in einem Papier-Teefilter Wunder. Wer es besonders gut mit sich meint, reibt die schmerzenden Partien anschließend noch mit Olivenöl ein, dem einige Tropfen ätherisches Wacholderöl zugesetzt wurden.

Ich habe immer ein Döschen Wacholderbeeren im Auto und zerkaue ab und zu eine davon, um den Atem zu erfrischen. So eine geballte Ladung Wacholdergeschmack ist allerdings nicht jedermanns Sache.

Gar schaurig ist's, übers Moor zu geh'n – vielleicht, weil schlanke Wacholdersträucher im Dämmerlicht aussehen wie menschliche Gestalten?

LAURUS NOBILIS

PFLANZENTYP | Winterharter, immergrüner Strauch oder Baum

STANDORT | Sonne bis Halbschatten

Lorbeer

In der Antike glaubte man, dass Lorbeer vor Krankheiten schütze. Die Griechen weihten ihn Aesculap, dem Gott der Medizin.

Ältere Lorbeerpflanzen verkraften Frost bis etwa –5 °C. Wer in einer Region mit mildem Klima wohnt und im Garten einen geschützten, warmen Platz zu bieten hat, kann riskieren, einen größeren Lorbeer in den Garten zu pflanzen. Halten Sie aber für alle Fälle Vlies, Luftblasenfolie oder Sackleinen zum Einpacken bereit, falls ein Kälteeinbruch droht.

ANBAU UND ERNTE Lorbeer kann ganzjährig aus Stecklingen gezogen werden. Ungeduldige sind aber besser beraten, eine Pflanze zu kaufen.

Die Sträucher vertragen Sonne und Halbschatten, haben aber gern einen windgeschützten Platz. Lorbeer ist sehr schnittverträglich und kann leicht zum Hochstamm gestutzt oder in eine andere Form gebracht werden. Der beste Zeitpunkt für den Schnitt ist das Frühjahr.

Weil die Sträucher frostempfindlich sind, sollte man sie in Kübel pflanzen und im Spätherbst unter Dach räumen. Wie alle Kübelpflanzen sind sie auf eine regelmäßige Versorgung mit Wasser und Dünger angewiesen. Kurze Trockenheit vertragen sie aber besser als übermäßige Nässe.

DAS SCHMECKT MIR Weil die Sträucher immergrün sind, kann man die Blätter zu allen Jahreszeiten nach Bedarf pflücken und frisch verwerten. Es ist nicht nötig, sie zu trocknen. Traditionell kocht man sie im Ganzen in Eintöpfen, Suppen und deftigen Fleischgerichten mit. Sie gehören zum klassischen Kräutersträußchen, und in Norddeutschland findet man manchmal auch ein Blatt im Milchreis oder Grießpudding. Sehr lecker schmeckt Feta-Käse, eingelegt in Olivenöl mit Rosmarin, zerdrücktem Knoblauch und einigen Lorbeerblättern.

DAS TUT MIR GUT Dass Lorbeerblätter zum Würzen deftiger Speisen verwendet werden, hat seinen Grund: Die Blätter regen die Verdauung an. Prellungen klingen leichter ab, wenn man sie mit Lorbeeröl einreibt.

Weil die Blätter beim Trocknen kaum verblassen oder schrumpelig werden, eignen sie sich ausgezeichnet für Trockenfloristik, Potpourris und haltbare Dekorationen. Vielleicht hat ja auch ein Familienmitglied einen Lorbeerkranz für außergewöhnliche Leistungen verdient?

LAVANDULA ANGUSTIFOLIA

PFLANZENTYP | Winterharter, immergrüner Kleinstrauch

STANDORT | Sonne

Lavendel

Gibt man ein paar Tropfen Lavendelessenz auf die Bettwäsche, hat man nachts vor Mücken Ruhe.

ANBAU UND ERNTE Lavendelsamen keimen recht unzuverlässig. Jungpflanzen sind preiswert zu haben, man kann aber auch im Spätfrühling Stecklinge von nicht blühenden Trieben bewurzeln.

Die Pflanzen mögen es sonnig und stehen gern in lockerem, gut durchlässigem Boden. Trockenheit macht ihnen weniger aus als Nässe. Sie vertragen Frost bis etwa −15 °C, aber in milderen Wintern macht ihnen Dauerfeuchtigkeit oft zu schaffen.

Nach der Blüte sollte man die Pflanzen um etwa ein Drittel stutzen, damit sie kompakt und buschig bleiben.

Die Blüten können etwa im Juli geschnitten werden. Die Stiele bündeln und zum Trocknen aufhängen, dann die Blüten abstreifen und luftdicht verpacken.

DAS SCHMECKT MIR Obwohl Lavendel hauptsächlich als Zier-, Duft- und Heilpflanze bekannt ist, hat er auch in der Küche seine Bedeutung – immerhin gehört er zu den berühmten Kräutern der Provence. Junge Triebspitzen würzen Eintöpfe, zum Beispiel eine kräftige, mediterrane Fischsuppe mit viel Gemüse. Auch Süß- und Milchspeisen bekommen durch Lavendel ein interessantes Aroma. Ich lege jeden Sommer einen Papier-Teefilter voller Blüten in ein großes Schraubglas mit Zucker, den ich später für Obstkuchen verwende.

DAS TUT MIR GUT Schon die alten Römer wussten die entspannende Wirkung eines Lavendelbades zu schätzen. Gegen Kopfschmerzen hilft mir ein Lavendel-Dampfbad. Wenn dafür keine Zeit ist, lasse ich einige Tropfen ätherisches Lavendelöl in einer Aromalampe verdampfen. Lavendeltee erleichtert nicht nur das Einschlafen, sondern lindert wegen der Bitterstoffe der Pflanze auch Magenbeschwerden.

Weil Lavendelblüten auch ohne Blumenvase lange ansehnlich bleiben, verwende ich sie gern für Tischdekorationen oder knote sie in das Schleifenband eines Päckchens ein.

Lavendel gedeiht gut in Kübeln mit einer Mischung aus Blumenerde und Sand. Legen Sie sich doch eine ganze Sammlung zu. Es gibt Sorten mit Blüten in verschiedenen Blautönen von Hellblau bis Tintenblau, außerdem in Rosa und Weiß. Auch der Schopflavendel mit den „Flügeln" an den Blüten sieht interessant aus. Und alle duften himmlisch.

Lavendel-Nostalgie

Lavendelsäckchen

Zwei Herzen oder andere Formen aus Stoff ausschneiden. Rechts auf rechts am Rand zusammennähen, dabei oben eine Bandschlaufe mitfassen. An der Seite eine Öffnung lassen. Wenden, mit Lavendelblüten füllen und die Öffnung von Hand zunähen. Die Blitzvariante: Ein altes Spitzentaschentuch doppelt legen, zwei Seiten zusammennähen, oben mit einer Schleife zubinden!

In meinem Garten wachsen viele Lavendelsträucher, darum leiste ich mir den Luxus, mit den Blüten verschwenderisch umzugehen. Hübsche Stoffreste werden zu kleinen Säckchen verarbeitet und mit Blüten gefüllt, die frischen Duft im Kleiderschrank verbreiten. Auch am Bettpfosten hängt so ein Beutel – Lavendel fördert ja bekanntlich den guten Schlaf.

Ein, zwei große Schraubgläser fülle ich mit Blüten und flüssigem Honig. Nach einigen Wochen in der Sonne lasse ich die Mischung über Nacht über einem feinen Sieb abtropfen. Kinder mögen den Honig auf frischen Brötchen, mir schmeckt er auch zu Ziegenkäse. Und die Blüten im Sieb übergieße ich mit kochender Milch, die dann für Flammeri oder Milchreis verarbeitet wird – ein Gedicht.

Einladungen kommen oft so unverhofft, dass man nicht mehr losziehen kann, um ein kleines Mitbringsel zu besorgen. Aber um ein fertiges Säckchen mit Badesalz zu füllen reicht die Zeit allemal.

Selbst gemachtes Badesalz sollten Sie bis zum Verschenken in einem luftdicht schließenden Gefäß aufbewahren, damit der Duft nicht verfliegt. Natürlich kann man es direkt ins Badewasser streuen und sich zwischen den schwimmenden Blüten aalen. Aber seien wir ehrlich: Nach so einem Entspannungsbad möchte man sich im Bademantel aufs Sofa lümmeln und keine Blüten mehr aus der Wanne putzen. Wer die hübschen Stoffbeutelchen lieber zum Verschenken aufbewahren will, kann für den Eigenbedarf auch einen Papier-Teefilter mit Badesalz füllen und mit einem Tacker verschließen. Nicht ganz so nobel, aber schnell und praktisch.

Der Duft von Lavendel hält die Wäsche frisch und Motten fern …

Blüten-Badesalz

1 Handvoll getrocknete Lavendelblüten und 1 Handvoll grobes Meersalz gut mischen und in ein luftdicht schließendes Gefäß füllen. Für ein Bad brauchen Sie 2–3 Esslöffel.

LEPIDIUM SATIVUM

PFLANZENTYP | Wird einjährig kultiviert

STANDORT | Halbschatten

Kresse

Weil Kresse so schnell und unkompliziert wächst, könnte man eigentlich immer ein Kästchen auf der Fensterbank haben. Knusprige Brötchen mit Butter oder Quark und frischer Kresse – wer braucht da noch Wurst?

ANBAU UND ERNTE Kresse ist ganz leicht aus Samen zu ziehen. Die Pflanzen sind sehr genügsam. Sie wachsen sogar auf Watte oder Papierservietten und gedeihen problemlos auf der Fensterbank – ganz gleich, in welche Himmelsrichtung das Fenster liegt. Schon wenige Tage nach der Aussaat kann man zur Schere greifen und die kleinen Blättchen ernten.

Ab März kann man Kresse auch an einen halbschattigen Platz im Freiland säen, wo sie, wenn sie nicht geschnitten wird, eine Höhe von 30 bis 50 Zentimetern erreicht. Im Sommer trägt sie winzige weiße oder rötlich angehauchte Blüten, die ebenfalls essbar sind.

DAS SCHMECKT MIR Kresse gehört unbedingt in die Frankfurter Grüne Soße. Mit ihrem pfeffrigen Geschmack peppt sie viele Salate auf. Omelette und Rührei sind zwar bei eiligen Köchen beliebt, schmecken aber etwas langweilig – da schafft Kresse Abhilfe. Ich mag sie besonders gern im Quark zu neuen Kartoffeln, und Kinder freuen sich über die würzigen, grünen Blättchen auf dem Schulbrot.

Kresse wird normalerweise frisch verwendet, denn die zarten Blättchen werden durch Wärmeeinwirkung schnell schlapp. Trotzdem kann man sie durchaus als pikante, essbare Garnierung auf allerlei gekochte Gerichte streuen – vom Kartoffelpüree bis zum Blumenkohl.

DAS TUT MIR GUT Dass die Kresse in der asiatischen Heilkunde hoch geschätzt wird, hat seinen guten Grund. Weil sie ganzjährig kultiviert werden kann, ist sie gerade im Winter ein wertvoller Vitamin-C-Lieferant. Außerdem enthält sie Karotin und verschiedene Mineralstoffe sowie Senföl, das die Verdauung anregt und ihr den pikanten Geschmack verleiht. Das beste aber ist, dass keine komplizierten Zubereitungen notwendig sind. Man muss sie einfach nur essen!

Kresse stammt ursprünglich aus Asien und wird seit Jahrtausenden in der ayurvedischen Heilkunde gegen verschiedene Beschwerden eingesetzt.

Ruck-Zuck-Kräuterschmuck

Während der Wintermonate, wenn es wenig frische Kräuter gibt, steht bei mir fast immer ein Mini-Kressebeet auf der Fensterbank. Ich lege eine flache Schale mit zwei bis drei Lagen Küchenpapier aus, feuchte es an und streue die Kressesamen darauf – nicht zu dicht, damit die Keimlinge später genug Platz haben. Das Küchenpapier muss feucht gehalten werden, die Samen dürfen aber nicht im Wasser schwimmen, sonst können sie faulen.

Nun brauchen Sie nur noch ein paar Tage Geduld, bis sich die Blättchen zeigen. Der Kresserasen sieht so hübsch aus, dass man ihn zum Abendessen ruhig auf den Tisch stellen kann, damit sich jeder selbst bedient. Aber nicht die Schere vergessen!

Als frühlingsfrische Dekoration fürs Osterfrühstück ziehe ich Kresse in halben, ausgewaschenen Eierschalen, in die ich angefeuchtete Wattebällchen lege.

Frisches Kressegrün verträgt sich auch mit Blumen bestens. Für das Gesteck lege ich einen unglasierten Tontopf einige Stunden in Wasser, damit er sich vollsaugt. Ein Töpfchen mit Hornveilchen stelle ich auf eine Lage zerknüllte Plastikfolie – gerade so viel, dass die Blüten über den Topfrand schauen. Ringsherum lege ich Moos auf, um den „Unterbau" zu verdecken. Geschmeidiges Birkenreisig lässt sich gut biegen. Ich winde es locker um den Topf und verhake die Enden ineinander. Wenn es gar nicht halten will, binde ich die Zweige unauffällig mit farblich passendem Nähgarn zusammen. Kleine Kressebüschel, mitsamt den Wurzeln behutsam aus dem Kressebeet gezupft, werden hier und da unter das Reisig geschoben – und zwar so, dass die Wurzeln den feuchten Ton berühren.

Wenn das Arrangement in einem geheizten Raum steht, sollte es täglich mit dem Blumensprüher eingenebelt werden, damit die Kressepflänzchen nicht so schnell welk und gelb werden.

Wenn das Hornveilchen seinen Auftritt in der Wohnung gehabt hat, kann es in den Garten umgepflanzt werden. Mit etwas Glück blüht es im folgenden Jahr wieder.

LEVISTICUM OFFICINALE

PFLANZENTYP | Winterharte Staude

STANDORT | Sonne oder Halbschatten

Liebstöckel

Im Mittelalter legten sich Pilger Liebstöckelblätter in die Schuhe, um Beschwerden durch übermäßige Schweißbildung vorzubeugen.

ANBAU UND ERNTE Liebstöckel wird sehr groß. Die Aussaat ist zwar möglich, aber nicht sonderlich sinnvoll, da sie ein ganzes Bataillon Jungpflanzen liefert – und eine Liebstöckelpflanze reicht für einen Familienhaushalt völlig aus. Kaufen Sie lieber eine Jungpflanze in der Gärtnerei, oder fragen Sie einen Nachbarn, ob beim herbstlichen Teilen einer älteren Pflanze ein Stück für Sie abfällt.

Im Sommer werden die Blätter geerntet, um sie frisch zu verwerten oder zu trocknen. Wenn die Pflanze zu blühen beginnt, verändert sich der Geschmack der Blätter. Die Samen kann man im Herbst ernten, und wer möchte, gräbt größere Pflanzen aus, um die Wurzeln frisch zu verarbeiten oder zu trocknen.

DAS SCHMECKT MIR Traditionell wird Liebstöckel wegen seines kräftigen Aromas für sättigende Eintöpfe und deftige Schmorgerichte verwendet. Junge Blätter eignen sich auch als Salatzutat. Auch sie haben einen intensiven Geschmack, der milde Zutaten leicht erdrücken kann. Ich verwende sie gern für herzhafte Salate mit reifen Tomaten, Kichererbsen und Schafskäse. Sehr lecker ist auch ein Brotaufstrich aus Ziegenfrischkäse mit fein gehackten Liebstöckelblättern. Die zerdrückten Samen sind ein interessantes Gewürz für Brotteig. Geschälte Wurzeln können als Würze in Eintöpfen mitgekocht werden.

DAS TUT MIR GUT Die Bitterstoffe in den Blättern fördern die Verdauung und beugen Blähungen vor, darum hat es seinen Sinn, deftige und schwer verdauliche Speisen mit Liebstöckel zu würzen. Eine Handvoll Liebstöckelblätter, mit kochendem Wasser übergossen und auf angenehme Temperatur abgekühlt, verwöhnt müde Füße nach einem langen Tag auf den Beinen.

Die stattlichen, goldgelben Blütenstände des Liebstöckels binde ich gern zur Auflockerung in bunte, ländliche Blumensträuße ein.

Weil Liebstöckel entwässernd wirkt, sollten Schwangere und Menschen mit Nierenproblemen auf den Verzehr verzichten.

MALVA SYLVESTRIS

PFLANZENTYP | Winterharte Staude

STANDORT | Sonne

Malve

Die Stockrose, eine traditionelle Bauerngartenblume, ist eine Zierform des Eibischs. Es gibt viele Varianten mit mehrfarbigen und gefüllten Blüten, aber mir gefällt die Sorte *Alcea rosea* 'Nigra' (rechte Seite oben links) mit den schwärzlich-dunkelroten, seidig glänzenden Blüten am besten.

ANBAU UND ERNTE Malven werden im Herbst gesät. Im folgenden Frühsommer kann man die Jungpflanzen an ihren endgültigen Platz setzen. Neben der Wildform gibt es verschiedene sehr attraktive Gartensorten. Alle werden etwa einen Meter hoch und danken es, wenn man sie stützt.

Eng verwandt ist die Malve mit dem Eibisch *(Althea)*, der ihr in Blütenform und Standortansprüchen ähnelt.

Geerntet werden hauptsächlich die Blüten und Blätter. Die Wurzeln können ebenfalls verwendet werden.

Malven werden bei feuchtem Wetter und schlechter Luftzirkulation manchmal von Rost befallen. Pflanzen, die an dieser Pilzerkrankung leiden, sollten Sie abschneiden, damit die Infektion nicht auf andere übergreift.

DAS SCHMECKT MIR Mit Spinat habe ich kein Glück, er schießt in meinem Garten allzu leicht in Saat. Junge Blätter der wilden Malve sind ein guter Ersatz. In etwas Butter gedünstet und mit einem Hauch Muskatnuss gewürzt schmecken sie ausgesprochen lecker. Probieren Sie die Blätter auch einmal in einem gemischten grünen Blattsalat, am besten mit einem leichten Zitronendressing.

DAS TUT MIR GUT Malve und Eibisch enthalten Schleimstoffe, die fest sitzenden Husten lösen und lindern. Ein Tee aus Blüten und Blättern schmeckt so mild, dass ihn auch Kinder gern trinken. Lässt man ihn extra lange ziehen, ergibt er eine wirkungsvolle Gurgellösung gegen Halsschmerzen und Heiserkeit. Auch für die äußere Anwendung ist so ein starker Malventee gut zu gebrauchen, weil er Hautreizungen lindert. Man kann ihn für feuchte Kompressen verwenden oder ins Badewasser geben. Mein Geheimtipp bei Sonnenbrand ist ein gerade körperwarmes Malvenbad.

Die essbaren Blüten der echten Malve sind mit ihrem zarten Rosa eine hinreißende Dekoration für Süßspeisen.

MATRICARIA RECUTITA

PFLANZENTYP | Einjährige

STANDORT | Sonne

Kamille

ANBAU UND ERNTE Die Kamille ist nicht unbedingt eine Kandidatin für das konventionelle Kräuterbeet, zumal sie kulinarisch nicht von Bedeutung ist. Wer aber einen großen Garten hat, könnte ihr ein Eckchen vom Rasen opfern. Sie macht auch in einem geräumigen Kübel eine gute Figur.

Gesät wird Ende Februar in Schalen im Haus. Die Kamille ist ein Lichtkeimer, darum dürfen die Samen nur angedrückt, aber nicht mit Erde bedeckt werden. Mitte Mai können die Jungpflanzen an ihren endgültigen Platz gesetzt werden. Geizen Sie mit Dünger, sonst bilden die Pflanzen viel Blattwerk und nur wenig Blüten.

Schneiden Sie die Blüten drei bis fünf Tage nach dem Aufgehen, dann enthalten Sie besonders viele wertvolle Inhaltsstoffe.

Die Römische Kamille *(Chamaemelum nobile)* sieht der Echten Kamille sehr ähnlich, wird ebenso kultiviert und für dieselben Zwecke eingesetzt.

DAS TUT MIR GUT Tee aus frischen oder getrockneten Kamillenblüten ist als Allheilmittel seit alters her bekannt. Grund genug, immer einen ordentlichen Vorrat im Haus zu haben. Eine Tasse Kamillentee hilft beim Einschlafen und beruhigt einen gereizten Magen. Als Gurgellösung besänftigt er Halsschmerzen und beschleunigt das Abheilen von Zahnfleischentzündungen. Man kann auch Kompressen damit anfeuchten, um Reizungen und Rötungen der Haut zu lindern. Weil Kamille nicht nur beruhigend, sondern auch antibakteriell und entzündungshemmend wirkt, eignet sie sich gut für Dampfbäder bei unreiner Haut.

Die positive Wirkung der Kamille auf den Verdauungstrakt beschränkt sich übrigens nicht auf Menschen. Lauwarmer Kamillentee hat sich auch zur Behandlung von Durchfall bei Haustieren bewährt. Hunde schlabbern den Tee meist widerspruchslos aus ihrem Trinknapf. Bei Katzen kann etwas mehr Überredung notwendig sein.

Die Kamille ist ein wahres Wunderkraut, das sich auch im Garten nützlich macht. Sämlinge werden unempfindlicher gegen Pilzerkrankungen (die sogenannten Umfallkrankheiten), wenn man sie mit Kamillentee besprüht. Kompost verrottet schneller, wenn man ihm frisches Kamillenlaub beimischt.

Bei mir wächst die Kamille als Randstreifen beiderseits des Gartenwegs. Wenn ich sie auf dem Weg zur Wäscheleine im Vorbeigehen streife, steigt eine zarte Duftwolke auf.

Gut aussehen – aber natürlich!

Dass eine Spülung mit Kamillentee blonden Haaren Glanz verleiht, ist keine Neuigkeit. Aber wussten Sie, dass eine Spülung mit einem Aufguss aus Pfefferminze oder Rosmarin fettiges Haar schön locker macht? Die Kräuter mit kochendem Wasser übergießen, 20 Minuten oder länger ziehen lassen und nach dem Duschen über die gewaschenen Haare gießen – aber bitte nicht ausspülen!

Ein Gesichtsdampfbad mit Kamille oder Malve beruhigt gerötete Haut, für fettige Haut kann Salbei oder Ringelblume verwendet werden. Wer sehr trockene Haut oder rote Äderchen hat, sollte auf Dampfbäder allerdings lieber verzichten und sich ein Wannenbad mit Kräutern gönnen. Der dabei aufsteigende Dampf ist weniger heiß und strapaziert die Haut weniger.

Gesichtsmaske für trockene Haut

2 EL gemahlene Mandeln und 2 EL getrockneten Borretsch mit lauwarmem Malventee verrühren. Auftragen, 10 Minuten einwirken lassen und abspülen. Für fettige Haut die Mandeln mit Kamillenblüten und Pfefferminztee verrühren.

Für kräftige Fingernägel

Wenn im Sommer der Dill geblüht hat, knote ich 2–3 Esslöffel reife, zerstoßene Samen in Musselinstückchen ein und stecke sie in ein Schraubglas mit Mandel- oder Avocadoöl. Das Gläschen steht griffbereit in der Küche. Nach dem Abwaschen, Putzen oder einfach zwischendurch träufele ich mir etwas von dem Öl in die Handfläche und massiere damit die Nagelbetten. Die Inhaltsstoffe der Dillsamen kräftigen die Nägel, und das Öl pflegt die empfindliche Nagelhaut.

Hochwertige Öle, mit denen sich ohne große Mühe pflegende und duftende Kräuterauszüge zum Einreiben der Haut herstellen lassen, bekommt man in der Apotheke. Sie können auch natives Olivenöl verwenden, wenn Sie den Geruch auf der Haut mögen.

Sonniges Kamillengelb bringt mich zum Lächeln, und lächeln macht schön.

Raue Hände?

Kamillenblüten mit etwas Öl im Mörser zerreiben und mit grobem Salz verrühren. Die trockenen Hände mit der Mischung einreiben und wie beim Händewaschen massieren. Lauwarm abspülen und ein williges Opfer zum Streicheln suchen!

MELISSA OFFICINALIS

PFLANZENTYP | Winterharte Staude

STANDORT | Sonne oder Halbschatten

Zitronenmelisse

Ein Töpfchen Melisse ist ein dekorativer Tischschmuck, von dem man gern naschen darf. Wenn die Pflanzen im Beet zu groß werden, kann man sie einfach abstechen. Rhabarber, in Holunderblütensirup pochiert und mit Melissenblättchen garniert, schmeckt nach Frühling, beeindruckt Gäste und ist im Handumdrehen gemacht.

❧ **ANBAU UND ERNTE** Melisse kann im Frühling im Haus ausgesät werden. Nach den letzten Frösten dürfen die Pflanzen ins Freie umziehen. Da eine Pflanze für einen Familienhaushalt genügt, ist es sinnvoller, sie zu kaufen.

Melisse fühlt sich auf lockerem Boden in der Sonne wohl, kommt aber auch im Halbschatten zurecht. Ein windgeschützter Standort ist empfehlenswert, denn die Triebe werden bis 70 Zentimeter hoch.

Blätter und zarte Stiele können den ganzen Sommer über geerntet werden. Vor der Blüte schneide ich die ganze Pflanze zurück und hänge die Triebe zum Trocknen auf. Sie treibt danach bald wieder aus.

❧ **DAS SCHMECKT MIR** Die jungen Blätter haben ein kräftiges Zitronenaroma, das gleichermaßen gut zu jungem Gemüse und frischem Obst passt. In der Saison kommt sie bei uns häufig auf den Tisch – mal in einem gemischten Blattsalat, mal fein gehackt auf frischen Erbsen, mal als Garnierung auf Rhabarberkompott. Kinder finden Erdbeerkuchen mit grüner Schlagsahne hochinteressant. Eingetönt wird sie mit einer guten Portion feinst gehackter Zitronenmelisse, gesüßt mit etwas Vanillezucker. Kräuterbutter mit Zitronenmelisse ist eine appetitliche Beigabe zu Fisch und Gemüse. Nur mitkochen sollte man die Blättchen lieber nicht, denn dabei geht ihr Aroma verloren.

❧ **DAS TUT MIR GUT** Ein Becher beruhigender Melissentee mit etwas Honig ist ein bewährtes Rezept gegen stressbedingte Anspannung und Einschlafschwierigkeiten. Weil Melisse Gerb- und Bitterstoffe enthält, beugt sie auch Magenbeschwerden vor, die sich im Kielwasser von Stress oft einstellen.

In der Medizin werden Wirkstoffe aus Melisse gegen Depressionen eingesetzt. Ich habe sie neben die Terrasse gepflanzt, auf der ich gern an milden Sommerabenden sitze. Der Duft ist so angenehm, dass trübe Stimmung gar keine Chance hat.

In kleinen Gärten ist es ratsam, die Melisse in einen Kübel zu pflanzen, denn im Beet macht sie sich ungeniert breit, wenn sie sich wohlfühlt.

Minze
Salbei

MENTHA SPP.

PFLANZENTYP | Winterharte Staude

STANDORT | Halbschatten

Minze

Minze hat sich im Ziergarten als Rosenbegleiter bewährt, denn sie hält Blattläuse auf Abstand.

ANBAU UND ERNTE Die Gattung *Mentha* umfasst sehr viele interessante Arten, Saat wird aber nur von wenigen angeboten. Die Arten kreuzen sich leicht, sodass man bei selbst gesammelten Samen Überraschungen erleben kann. Sicherer ist es, von einer älteren Pflanze im Frühling oder Herbst ein Stück abzustechen. Gärtnereien, die sich auf Kräuter spezialisiert haben, bieten oft verschiedene Arten und Sorten an.

Alle Minzearten neigen zum Wuchern und sind darum in einem kleinen Garten am besten in einem großen Kübel aufgehoben. Am wohlsten fühlen sie sich im Halbschatten, gedeihen aber auch an Sonnenplätzen, wenn der Boden nicht zu trocken ist.

Frische Blätter können während der ganzen Saison gepflückt werden. Vor der Blüte schneide ich Triebe ab, um sie für den Vorrat zu trocknen.

DAS SCHMECKT MIR Wer einmal in Nordafrika Urlaub gemacht hat, kennt den erfrischenden Tee mit der Marokkanischen Minze *(M. spicata* 'Moroccan'), die ich auch für Tsatsiki gern verwende. Ananasminze und Apfelminze *(M. suaveolens* und *M. suaveolens* 'Variegata') haben einen fruchtig-frischen Geschmack, der toll zu Obstsalaten passt. Fein gehackt schmecken sie auch zu frischen Erbsen. Ein Geheimtipp, um Gäste angenehm zu überraschen, ist Mousse au chocolat mit fein gehackten Pfefferminzeblättern.

DAS TUT MIR GUT Als Heilpflanze ist vor allem die Pfefferminze *(Mentha* x *piperita)* von Bedeutung, darum ist dies die beste Art für Pfefferminztee. Er enthält viel Menthol und eignet sich gut zum Inhalieren bei Schnupfen. Ein Gesichtsdampfbad mit Minze tut großporiger Haut gut. Für ein erfrischendes, anregendes Bad verwende ich am liebsten die Zitronenminze *(M.* x *piperita citrata)* mit ihrem angenehmen Zitrusduft.

Minze gedeiht auch in einem Topf auf dem Balkon. Sie wächst aber kräftig und muss bald in ein größeres Quartier umziehen oder geteilt werden. Minzeblätter jeder Art wirken in einem lauwarmen Fußbad wunderbar erfrischend. Geben Sie einige Malvenblüten dazu – das sieht hübsch aus, und die in der Malve enthaltenen Schleimstoffe pflegen die Haut.

Kräuterregal – alles selbst gebaut

Eine unansehnliche Schuppenwand ist wie geschaffen für ein kleines Kräuterregal. Die Töpfe aus ausgewaschenen Konservendosen haben die richtige Größe für Blumentöpfe mit Kräutern, und wenn sie mit der Zeit etwas rostig werden, sieht das Regal nur umso rustikaler aus. Besondere handwerkliche Kenntnisse sind nicht nötig, Sie müssen nur mit Blechschere und Schraubendreher umgehen können. Aber ziehen Sie bitte Arbeitshandschuhe an, damit Sie sich an den Metallkanten nicht verletzen.

Sie brauchen leere Konservendosen (ca. 800 ml), Dosenöffner, Blechschere, Hammer und Nägel sowie wetterfest lasierte Bretter und Leisten.

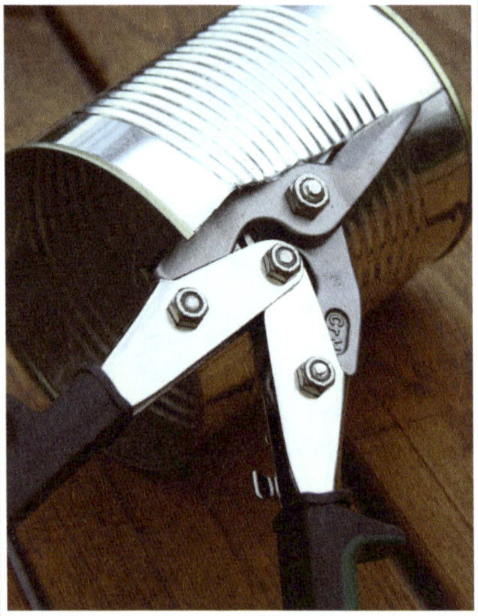

Als Rückwand die Bretter mit schmalen Lüftungsabständen auf die Leisten nageln. Die Dosen entlang der Lötnaht mit der Blechschere aufschneiden.

Den Dosenboden zur Hälfte mit dem Dosenöffner abtrennen. Dann die Ränder aufklappen und mit der Blechschere Zacken schneiden.

Mit Hammer und Nagel in jeden Zacken ein Loch stanzen. Legen Sie dabei am besten ein altes Brett oder eine Gehwegplatte unter das Metall.

Die abgetrennte Bodenhälfte nach innen umbiegen. Das geht am besten mit einer stabilen Zange. Vorsicht, die Schnittkanten sind sehr scharf!

Nun die vorbereiteten Dosen auf die Rückwand schrauben. Die Kräuter hineinstellen und mit Kreide die Namen darüberschreiben.

Rosmarin
Thymian
Basilikum
Kerbel

NEPETA CATARIA

PFLANZENTYP | Winterharte Staude

STANDORT | Sonne oder Halbschatten

Katzenminze

Wenn die Katzenminze nicht blüht, sieht sie etwas unscheinbar aus. Wer sie in einen Kübel pflanzt, kann sie zu ihrer besten Zeit in Szene setzen und während der restlichen Saison ein bisschen in den Hintergrund rücken oder ihr andere dekorative Kübelpflanzen, die zu anderer Zeit blühen, zur Seite stellen.

❧ **ANBAU UND ERNTE** Zugegeben: Meine erste Katzenminzepflanze habe ich für meinen Kater angeschafft. Er war hellauf begeistert. Nach 18 erfüllten Mausejägerjahren ruht er nun in Frieden, aber auf seinem Grab wächst Katzenminze und lädt seine Nachfolgerin zu regelmäßigen Friedhofsbesuchen ein. Dass die Pflanze auch für Menschen interessant ist, habe ich erst im Lauf der Jahre herausgefunden.

Katzenminze kann im Frühling ausgesät werden. Weil die Stauden meist nach 3 bis 5 Jahren absterben oder staksig werden, empfiehlt es sich, rechtzeitig Stecklinge zu bewurzeln, um Ersatz für unansehnliche Pflanzen zu haben. Wenn sich die Katzenminze an ihrem Standort wohlfühlt, sät sie sich allerdings auch selbst aus.

Frische Blätter können den ganzen Sommer über geerntet werden. Zum Trocknen schneide ich sie vor der Blüte.

❧ **DAS SCHMECKT MIR** „Was mein Kater jeden Tag mit Wonne frisst, wird mich nicht umbringen", dachte ich mir eines Tages und zerkaute zaghaft ein Blättchen. Nicht schlecht! Vorsichtshalber las ich nach, ob die Katzenminze nicht vielleicht giftig ist. Nachdem ich in dieser Hinsicht beruhigt war, fing ich an zu experimentieren. Als Würzkraut für Salat und Kräuterbutter ist die Katzenminze durchaus einen Versuch wert, und auch zu frischen Erdbeeren schmeckt sie ausgesprochen interessant.

❧ **DAS TUT MIR GUT** Die Katzenminze wird seit langer Zeit als Heil- und Würzkraut kultiviert, sie ist nur etwas in Vergessenheit geraten. Ein Tee aus frischen oder getrockneten Blättern wirkt krampflösend und lindert Blähungen. Wegen seiner schweißtreibenden Wirkung kann er bei fiebrigen Erkältungen angewandt werden.

Die Pflanzen sind mit ihrem graugrünen Laub und den bläulichen Blütenähren ein schöner Anblick und machen auch in gemischten, sommerlichen Blumensträußen eine gute Figur. Getrocknete Blätter mische ich manchmal unter ein Potpourri.

Weil die Katzenminze Bienen und andere Bestäuber anlockt, pflanzte man sie in traditionellen Nutzgärten gern als Einfassung um den Bereich mit den Beerensträuchern.

OCIMUM BASILICUM

PFLANZENTYP | Einjährige (auch kleine Sträucher)

STANDORT | Sonne

Basilikum

Ernten Sie Basilikum oft, und knipsen Sie dabei möglichst die Triebspitzen ab. Dadurch werden die Pflanzen angeregt, sich zu verzweigen und neue Blätter zu bilden.

ANBAU UND ERNTE Das Große Grüne Basilikum ist in jedem Supermarkt für kleines Geld zu bekommen. Ausgefallene Sorten dagegen muss man heranziehen, denn sie kommen selten als Jungpflanzen in den Handel. Ausgesät wird Basilikum im Frühling in der geheizten Wohnung. Die Samen nur andrücken, nicht mit Erde bedecken. Die Sämlinge später vereinzeln und nach den letzten Frösten ins Freie pflanzen. Am besten sind sie in Kübeln, Wandkästen oder Ampeln aufgehoben, denn Schnecken sind ganz wild auf die würzigen Blätter.

Strauchbasilikum wie das aus Ostafrika stammende 'African Blue' ist mehrjährig, muss aber frostfrei überwintert werden.

DAS SCHMECKT MIR Basilikum als Würzkraut der Pizza- und Pasta-Küche ist inzwischen so alltäglich geworden, dass ich die ungewöhnlicheren Sorten interessanter finde. Rotblättrige Sorten wie 'Dark Opal' sehen besonders dekorativ aus, und 'African Blue' mit seinem dezenten Anklang an Kampfer lege ich gern zwischen die Bauchlappen von Fischen, die in Folie gegrillt werden sollen.

Mein Favorit sind die ostasiatischen Sorten wie Thai-Basilikum *(O. b. 'Horapa')*, deren süßliche Untertöne an Minze, Anis oder Lakritz erinnern. Ich gebe sie am Ende der Garzeit im Ganzen zu Curry-gerichten und lasse sie nur ganz kurz mitkochen.

DAS TUT MIR GUT Als Gewürz trägt Basilikum dazu bei, dass schwer verdauliche Speisen dem Körper nicht zu schaffen machen. Und wenn der Verdauungsapparat doch mit Beschwerden reagiert, hilft ein Tee aus Basilikumblättern. Sehr kräftiger Tee kann auch als Gurgellösung zum Erfrischen des Atems verwendet werden.

Kleinblättriges Basilikum *(Ocimum minimum)* hat einen festen Platz in der traditionellen Küche Griechenlands. Die Pflanzen werden nur etwa 25 Zentimeter hoch und gedeihen gut in Blumentöpfen. Stellt man sie auf den Esstisch, hat man Ruhe vor Fliegen und anderen lästigen Insekten.

ORIGANUM MAJORANA

PFLANZENTYP | Bedingt winterharter Halbstrauch

STANDORT | Sonne

Majoran

ANBAU UND ERNTE Im Mittelmeerraum, wo der Majoran beheimatet ist, wächst er als mehrjähriger Halbstrauch. Bei uns wird er häufig einjährig kultiviert, doch er übersteht auch milde Winter, wenn man ihn vor Nässe und Kälte schützt.

Majoran kann ab Mai ausgesät werden. Die Samen nur ganz dünn mit Erde bedecken und die Jungpflanzen später in Dreier- oder Vierergruppen auf Abstände von etwa 25 Zentimeter umpflanzen.

Majoran steht gern sonnig und braucht unbedingt durchlässigen Boden, denn zu viel Feuchtigkeit um die Wurzeln verträgt er nicht.

Blätter und Triebspitzen können während der ganzen Saison geerntet werden. Zum Trocknen oder zum Einlegen in Olivenöl ernte ich vor der Blüte. Wichtig ist, die Triebe nicht zu stark zurückzuschneiden, damit die Pflanzen wieder austreiben.

DAS SCHMECKT MIR Dass der Majoran in manchen Regionen auch „Wurstkraut" genannt wird, verrät seine traditionelle Verwendung. Tatsächlich passt sein kräftiger Geschmack besonders gut zu Schweinefleisch und zu dunklem Geflügel. Ich trockne immer einen guten Vorrat, denn für mich gehört er unbedingt in winterliche Gemüsesuppen, Eintöpfe und in die Erbsensuppe, die nach Großmutters Rezept auf einem Schinkenknochen gekocht wird. Zarte, junge Blätter benutze ich im Sommer zum Würzen von Salaten, Quark und Matjessalat.

DAS TUT MIR GUT Die Verwendung von Majoran als Wurstgewürz hat nicht nur geschmackliche Hintergründe, denn seine Inhaltsstoffe erleichtern die Fettverdauung. Ein Tee aus Majoranblättern verschafft Linderung bei Völlegefühl und Blähungen, wirkt aber auch bei Erkältung wohltuend.

Dass Majoran desinfizierende Wirkung besitzt, wussten schon die alten Ägypter, die ihn zur Wundversorgung verwendeten. Wer eine Pflanze im Garten hat, kann bei leichten Zahnfleischreizungen schnell Abhilfe schaffen. Oft genügt es, einfach einige Blättchen zu zerkauen.

In alten Bauerngärten säte man Majoran gern zwischen die Gemüsereihen, weil er seine Nachbarn vor Schädlingen schützen und ihr Aroma verbessern soll.

Majoran

Thymian
Oregano

ORIGANUM VULGARE

PFLANZENTYP | Winterharte Staude

STANDORT | Sonne

Oregano

ANBAU UND ERNTE Der Oregano ist eng mit dem Majoran verwandt, wächst aber als buschige Staude und wird etwa 50 Zentimeter hoch. Mit seinem verzweigten Wurzelwerk breitet er sich aus und kann, wenn er zu groß wird, einfach abgestochen oder geteilt werden.

Ausgesät wird er im zeitigen Frühling im Haus. Mitte Mai, nach den letzten Frühlingsfrösten, werden die Pflanzen mit etwa 30 Zentimeter Abstand ins Freie gesetzt. Für einen durchschnittlichen Familienhaushalt reichen 1–2 Pflanzen meist aus.

Junge Blätter und Triebspitzen können während der ganzen Saison geerntet werden. Vor der Blüte schneide ich die Pflanzen zurück und hänge die Triebe zum Trocknen auf. Danach treibt die Pflanze noch einmal aus.

DAS SCHMECKT MIR Oregano gehört zu den Klassikern der Pizza- und Pastaküche, vor allem für Soßen auf Tomatenbasis ist er unentbehrlich. Frische Blätter sind eine leckere Würze für herzhafte Salate, aber getrocknet ist Oregano oft aromatischer, darum passt er sehr gut in herzhafte Herbst- und Wintergerichte. Einige Zweige stecke ich in eine Flasche mit Olivenöl, um es zu aromatisieren. „Halbmonde“ vom Hokkaido-Kürbis pinsele ich mit dem Oregano-Öl ein, bevor ich sie im Ofen backe. Auf einem Bett aus winterlichem Blattsalat, bestreut mit zerbröseltem Ziegenkäse und angerösteten Kürbiskernen, sind sie ein unkompliziertes Winteressen, das optisch viel hermacht.

DAS TUT MIR GUT Die Bitterstoffe des Oreganos kurbeln die Gallentätigkeit an und fördern dadurch die Fettverdauung. Seine antiseptische Wirkung verdankt er dem Inhaltstoff Thymol. Als Tee kann er bei Verdauungsbeschwerden, aber auch bei Erkältungskrankheiten Linderung verschaffen. Wer den herben Geschmack nicht so gern mag, nimmt einen Löffel Honig dazu.

Oregano ist im ganzen Mittelmeerraum verbreitet, jedoch haben sich regionale Varianten entwickelt, die sich auch im Aroma leicht unterscheiden. Manche haben gelblichgrüne Blätter, andere rötliche Stiele. Weil Kreuzbestäubungen auch bei uns vorkommen können, ist die sortenechte Vermehrung nur durch Stecklinge möglich.

Die antiseptische Wirkung des Oreganos wussten schon die alten Griechen zu schätzen. Sie setzten das Kraut auch zur Behandlung von Vergiftungen ein.

PETROSELINUM CRISPUM

PFLANZENTYP | Wird meist einjährig kultiviert

STANDORT | Sonne bis Halbschatten

Petersilie

Tee aus Petersilienblättern oder zerstoßenen Samen wurde früher als Haarspülung angewandt, um die Kopfhaut zu beruhigen und den Haaren Glanz zu geben. Auch zum Einreiben des Gesichts bei unreiner Haut setzte man Petersilientee ein.

ANBAU UND ERNTE Streng genommen ist die Petersilie eine Zweijährige. Im ersten Jahr wächst eine Blattrosette. Im zweiten Jahr bildet sie nur noch wenige Blätter, stattdessen Blüten und Samen. Aus diesem Grund werden die Pflanzen meist nach dem ersten Standjahr ausgegraben.

Blattpetersilie kann ab März direkt ins Freiland gesät werden. Um das ganze Jahr frisch ernten zu können, sind Folgesaaten sinnvoll. Wurzelpetersilie *(P. crispum* var. *tuberosum)* wird etwa einen Monat später gesät, wenn der Boden schon wärmer ist. Etwas Geduld ist erforderlich, denn die Samen keimen langsam.

Die Blätter werden frisch während der ganzen Saison geerntet. Sie lassen sich gut einfrieren, verlieren beim Trocknen aber an Aroma. Die Wurzeln gräbt man im Herbst aus, um sie dann (geschält, gewürfelt und blanchiert) einzufrieren.

DAS SCHMECKT MIR Petersilie ist das Universalküchenkraut schlechthin. Jeder kennt sie, und sie passt zu fast allen herzhaften Gerichten. Als Würzkraut verwende ich die glattblättrige Petersilie, weil ihr Aroma erheblich kräftiger ist. Ihr deutlicher Anklang an Sellerie ist allerdings nicht jedermanns Sache. Als Alternative bietet sich die hübsche, mooskrause Petersilie an, die ich gern als Dekoration verwende.

Petersilienwurzeln sind hauptsächlich als Zutat für deftige Eintöpfe bekannt. Mundgerechte Stücke, mit etwas Öl eingepinselt und im Ofen gebacken, entwickeln ein mild-süßliches Aroma, von dem sich auch Kinder gern verführen lassen.

DAS TUT MIR GUT Petersilie ist reich an Vitamin C und mit ihrem hohen Gehalt an Antioxidantien auch ein Anti-Aging-Kraut. Wegen ihrer harntreibenden und entwässernden Wirkung kann sie auch bei Entschlackungskuren unterstützend wirken. Der Juckreiz von Insektenstichen lässt sich durch Abreiben mit einem Petersilienblatt lindern.

Denken Sie daran, im Spätsommer Petersilie in Töpfe zu säen und vor dem ersten Frost ins Haus zu holen, damit Sie im Winter frische Vitamine von der Fensterbank ernten können.

Petersilie

Rosmarin
Kerbel
Salbei
Minze

ROSMARINUS OFFICINALIS

PFLANZENTYP | Winterharter Strauch

STANDORT | Sonne

Rosmarin

Rosmarin blüht normalerweise mittelblau, es gibt aber auch Sorten mit Blüten in Weiß, Rosa und zartem Hellblau.

ANBAU UND ERNTE Rosmarin braucht einen sonnigen Platz mit sehr durchlässigem Boden. Trockenheit verträgt er recht gut. Im Winter macht ihm Kälte weniger aus als Nässe. Kleinwüchsige Sorten gedeihen in Kübeln gut, kriechende Formen sogar in Hängeampeln.

Rosmarin kann im zeitigen Frühling im Haus ausgesät und nach dem letzten Frost ausgepflanzt werden. Da es aber lange dauert, bis er eine erntetaugliche Größe erreicht hat, ist der Kauf einer Jungpflanze sinnvoller. Im Frühling schneide ich meinen Rosmarin zurück, damit er kompakt bleibt.

Weil die Triebspitzen und Nadeln des immergrünen Strauchs ganzjährig geerntet werden können, ist die Konservierung eigentlich nicht nötig. Wer möchte, kann ihn aber einfrieren oder trocknen.

DAS SCHMECKT MIR Rosmarin ist eins meiner Lieblingskräuter. Lammbraten ohne Rosmarin geht gar nicht, und sogar simple Ofenkartoffeln macht er zu einem Festessen. Es lohnt sich auch, einige Zweige in Olivenöl einzulegen und später zum Andünsten von Zwiebeln und Knoblauch für Tomatensuppen oder -soßen zu benutzen. Im Sommer inspiziere ich den Strauch auf kahl werdende Zweige, denn sie lassen sich prima als Spieße für gewürfeltes Grillfleisch oder Gemüse umfunktionieren. Vorher müssen natürlich die Nadeln abgestreift werden. Nicht wegwerfen! Selbst vertrocknete Rosmarinnadeln duften wunderbar, wenn man sie auf die Glut streut.

DAS TUT MIR GUT Als Gewürz fördert Rosmarin die Verdauungstätigkeit. Außerdem regt er die Durchblutung an, darum ist Rosmarintee ein wirksames Mittel bei Kopfschmerzen (auch nach einer durchfeierten Nacht!), Abgespanntheit und Konzentrationsschwäche. Wegen seiner antiseptischen Wirkung kann Rosmarintee zum Gurgeln bei Hals- und Zahnfleischentzündungen angewendet werden.

Ein aufrechter Rosmarinstrauch gibt dem Kräutergarten Struktur. Weil er immergrün ist, bietet er im winterlich-kahlen Garten einen sehr schönen Anblick.

Rosmarin regt die Muskulatur an und kann auch die Wehentätigkeit fördern, darum sollten Schwangere ihn nur als Gewürz verwenden und sparsam dosieren.

Lassen Sie es sich gut gehen!

Zum Entspannen

Lavendel

Melisse

Baldrian

Zum Durchstarten

Rosmarin

Minze

Zitrone

Ob Sie einen Frischekick brauchen oder sich Entspannung wünschen – die wirksamen Inhaltsstoffe von Kräutern können viel für Sie tun. Komplizierte Zubereitungen sind nicht notwendig, und die meisten Zutaten finden Sie in Haus und Garten.

Kräuter sind gute Wellness-Helfer, trocknen Sie darum einen großzügigen Vorrat und legen Sie Ihre Lieblingskräuter auch in hautfreundliches Öl ein. Frische oder getrocknete Kräuter in einem Stoffsäckchen geben einen guten Badzusatz ab. Kräuteröl, nach dem Bad auf der feuchten Haut verteilt, macht die Haut schön weich. Auch zum Massieren eignet es sich bestens. Wenn Sie eine unparfümierte Körperlotion benutzen, könnten Sie auch ein paar Tropfen eines ätherischen Öls daruntermischen.

Gegen Verspannungen

Majoran

Wacholder

Basilikum

Für frische Füße

Liebstöckel

Salbei

Lorbeerblätter

Eine Stunde für mich

Wenn ich es mir richtig gut gehen lassen möchte, koche ich zuerst eine Kanne kräftigen Kräutertee, der mindestens 10 Minuten ziehen darf – genug Zeit zum Haarewaschen. Dann rühre ich mir eine Haarkur aus einem Eigelb, ein paar Spritzern Zitronensaft, einem Löffel flüssigem Honig und einem Esslöffel von meinem Kräutertee, die ich im feuchten Haar verteile.

Zwei, drei Handvoll frische Kräuter für ein Fußbad gebe ich in eine kleine Wanne, dazu Zitronenscheiben und einen Schuss Kräutertee. Es ist herrlich entspannend, mit den Zehen zwischen den schwimmenden Blättern zu spielen. Zu dumm, dass ich an Handtuch und Zeitschrift immer erst denke, wenn die Füße schon im Wasser stecken …

Die Haarkur gut ausspülen, und als letzten Guss den Rest Kräutertee verwenden.

Bei Grippewetter

Thymian
Malve
Melisse

Gegen trübe Laune

Waldmeister
Borretschblüten
Ringelblumen

RUMEX ACETOSA

PFLANZENTYP | Winterharte Staude

STANDORT | Halbschatten bis Schatten

Sauerampfer

ANBAU UND ERNTE Sauerampfer braucht einen relativ schattigen Standort mit feuchtem Boden. An sonnigen Plätzen und bei Wassermangel bleiben die Blätter meist kleiner und werden schnell hart.

Im Frühling oder Sommer können die Pflanzen direkt an Ort und Stelle gesät werden, aber bitte nicht zu dicht, denn sie werden recht groß. Es kommt der Blattbildung zugute, wenn man Blütentriebe ausbricht, sobald sie sich zeigen. Außerdem verhindern Sie dadurch, dass der Sauerampfer sich selbst aussät.

Blut-Sauerampfer *(Rumex sanguineus)* sieht mit seinen rot geäderten Blättern sehr dekorativ aus. Für den Balkongarten ist der kleinblättige Schildsauerampfer *(R. scutatus)* die beste Wahl.

Ernten Sie die äußeren Blätter, solange sie jung und zart sind. Die inneren Blätter stehen lassen, damit die Pflanze wieder austreibt. Die Blätter können eingefroren werden, zum Trocknen eignen sie sich nicht.

DAS SCHMECKT MIR Als Kinder haben wir Sauerampfer auf Wiesen gepflückt und roh gegessen. Heute mag ich ihn lieber in kleinen Mengen als Würzkraut zu leichten Gerichten. Sein feinsaures Aroma verträgt sich gut mit Eiern, Geflügel oder Fisch, aber auch mit Soßen, die man traditionell mit Zitrone abschmeckt. Wenn mir der Essig fürs Salatdressing ausgegangen ist, mische ich einfach Sauerampfer unter grüne Blattsalate.

In England galt gedünsteter Sauerampfer schon zur Zeit Heinrichs VIII. als Delikatesse. Probieren Sie es ruhig einmal – Sie werden überrascht sein. Zubereitet wird er wie Spinat.

DAS TUT MIR GUT Sauerampfer ist reich an Vitamin C und enthält, wie alle grünen Blattgemüse, wertvolle Antioxidantien. Kleine Mengen, roh verzehrt, sollen blutreinigend wirken und die Verdauung anregen.

In Norddeutschland und Skandinavien wurde Sauerampfer früher in der Käseherstellung als Gerinnungsmittel für Milch eingesetzt. Einige kleine Käsereien verwenden ihn heute wieder, als vegetarische Alternative zum Lab, das aus Kälbermägen gewonnen wird.

Wegen seines hohen Gehalts an Oxalsäure kann Sauerampfer bei Kindern und empfindlichen Erwachsenen Durchfall und Erbrechen verursachen.

Altes Tafelsilber sieht edel aus, läuft aber leider leicht an. Mit frischen Sauerampferblättern als Putzlappen lässt es sich wieder auf Hochglanz polieren.

SALVIA OFFICINALIS

PFLANZENTYP | Winterharter Halbstrauch

STANDORT | Sonne

Salbei

Salbeiblätter werden beim Trocknen nicht unansehnlich und behalten ihren Duft recht lange, darum sind sie eine ideale Zutat für Potpourris.

Muskatellersalbei *(Salvia sclarea)* eignet sich mit seinem moschusartigen Duft besonders gut für Potpourris und Duftkissen. Im Gegensatz zum Echten Salbei wird der Muskatellersalbei im Herbst geschnitten.

Der Inhaltsstoff Thujon kann Unverträglichkeiten hervorrufen. Nicht mehr als 2 bis 3 Tassen Salbeitee pro Tag trinken. Schwangere sollten vorsichtshalber ganz darauf verzichten.

ANBAU UND ERNTE Salbei mag einen warmen Sonnenplatz auf durchlässigem, eher trockenem Boden. Der kleine Strauch ist immergrün und wird bis zu 60 Zentimeter hoch. Er gedeiht auch in Kübeln sehr gut.

Man kann Salbei im zeitigen Frühling aussäen und nach dem letzten Frost auspflanzen. Sehen Sie sich ruhig auch einmal in einer gut sortierten Gärtnerei um: Es gibt viele attraktive Sorten mit unterschiedlich gemusterten Blättern in Grün, Creme, Rosa und Gelb, von denen Saatgut kaum erhältlich ist. Ausgesprochen reizvoll sind Sorten mit ausgefallenen Düften, beispielweise nach Ananas, Apfel oder Marzipan.

In kalten Wintern decke ich meine Salbeisträucher ab, und im Frühling werden sie gestutzt. Frische Blätter ernte ich bis zum Herbst, einen Vorrat zum Trocknen schneide ich im Sommer kurz vor der Blüte.

DAS SCHMECKT MIR Wegen seines intensiven Aromas passt Salbei hervorragend zu herzhaften Gerichten. Vor allem für herbstliche Pilzgerichte verwende ich ihn gern. In Butter gebratene Salbeiblätter kennt man als Beigabe zu gebratener Kalbsleber, mindestens ebenso gut schmecken sie aber als großzügige Garnierung auf einer sämigen Kartoffelsuppe mit zerpflückter geräucherter Makrele. Alle buntblättrigen Salbeiarten können in der Küche verwendet werden, sie haben aber ein etwas schwächeres Aroma.

DAS TUT MIR GUT Als Würzkraut erleichtert Salbei die Verdauung fetter Speisen. Im Tee kommen seine antiseptischen Inhaltsstoffe zum Tragen: Er lindert Blähungen, bekämpft Erkältungen und ist ein bewährtes Gurgelmittel bei Halsschmerzen. Als traditionelles Frauenkraut wird er auch empfohlen, um bei stillenden Müttern die Milchfluss anzuregen und hormonell bedingte Schweißausbrüche zu regulieren.

Mit Kräutern dekorieren

Gartenwindlichter

Sie brauchen
kleine Gläser mit Schraubgewinde
oder Randwulst
stabilen Draht
Zange oder Drahtschere
Bleistift oder Rundholz
Lavendel, Rosmarin, Thymian, Salbei
Teelichter
Lavendel

Kaum etwas genieße ich so sehr wie die milden Sommerabende, an denen man bis in die Dunkelheit hinein im Freien sitzen kann. Richtig romantisch wird die Stimmung, wenn in den Bäumen und Sträuchern kleine Windlichter funkeln. Für ein gewöhnliches Marmeladenglas mit 7 bis 8 Zentimeter Durchmesser kneife ich ein Stück Draht von 35 Zentimeter ab und biege es zum Ring. Damit die Aufhängeösen gleichmäßig werden, biege ich sie um einen dicken Bleistift. Den Ring um das Schraubgewinde des Glases legen und einige Kräuterstiele darunterschieben. Dann die Ösen mehrmals drehen, bis der Ring fest sitzt. Für den Henkel ein zweites Stück Draht von etwa 50 Zentimeter Länge abschneiden. Die Enden zu Haken umbiegen und in die Ösen am Glas einhängen.

Eine Kiste Kräuter

Eine gewöhnliche Obstkiste von unserem Wochenmarkt wird mit etwas Farbe und Serviettentechnik zu einem zauberhaften Mini-Kräutergarten. Damit die Pracht nicht durch Nässe Schaden nimmt, sollten Sie die Kiste mit stabiler Plastikfolie auskleiden, bevor Sie Kräutertöpfe hineinstellen.

Zuerst kontrollieren, ob die Kiste wirklich stabil ist, und notfalls mit einigen Schrauben nachhelfen. Dann raue und splitterige Stellen des Holzes abschleifen. Die Kiste mit Vorstrichfarbe grundieren. Eventuell ist ein zweiter Anstrich notwendig.

Serviettenmotive ausschneiden, aufkleben und nach dem Trocknen mit Klarlack überziehen. Um Holz und Dekoration zu schützen, sollten Sie die fertige Kiste innen und außen mindestens zweimal klar lackieren.

Schön als Dekoration zur Selbstbedienung auf einem Tischchen neben dem Büffet.

So eine Kiste mit einem Sortiment Jungpflanzen ist ein schönes Geschenk zum Einzug, wenn Garten oder Balkon noch kahl sind. Denken Sie daran, Pflegetipps beizulegen.

SATUREJA MONTANA

PFLANZENTYP | Winterharter Halbstrauch

STANDORT | Sonne

Bohnenkraut

Die hübschen Blüten von Bohnenkraut stehen auch bei Bienen hoch im Kurs, darum wird es in traditionellen Nutzgärten gern als Beeteinfassung gepflanzt. Die mehrjährigen Formen kann man im Spätsommer durch Stecklinge vermehren. Der Rückschnitt im Frühling sorgt dafür, dass die Pflanzen buschig wachsen.

ANBAU UND ERNTE Das mehrjährige Bohnenkraut, auch Berg- oder Winterbohnenkraut genannt, mag einen Sonnenplatz und ist ansonsten anspruchslos. Es wird im Mai oder im August direkt an Ort und Stelle gesät. Weil es ein Lichtkeimer ist, dürfen die Samen nur angedrückt, aber nicht mit Erde bedeckt werden. Später die Pflanzen mit einem Abstand von etwa 30 Zentimeter verziehen und jedes Jahr im Frühling 10 Zentimeter über dem Boden abschneiden, damit das Bohnenkraut buschig austreiben.

Das einjährige Sommerbohnenkraut *(S. hortensis)* wird ebenso kultiviert. Es trägt weiße Blüten und hat einen zarteren Geschmack.

Die Blätter und jungen Triebe haben kurz vor der Blüte das beste Aroma. Ich schneide sie dann eine Hand breit über der Erde ab und hänge sie zum Trocknen auf.

DAS SCHMECKT MIR Natürlich ist Bohnenkraut das perfekte Gewürz zu Bohnen. Sommerbohnenkraut passt am besten zu kleinen, ganz jungen Bohnen mit mildem Aroma. Das kräftigere Winterbohnenkraut benutze ich lieber für deftige Gerichte. Es zählt zu den wenigen Gewürzen, die sich neben Salbei und Rosmarin behaupten können. Mit seinem pfeffrigen Geschmack würzt es herzhafte Fleischgerichte und Marinaden, und es verträgt sich ausgezeichnet mit kräftigem Fisch, beispielsweise gegrillten Makrelen. Afrikanisches Bohnenkraut *(S. biflora)* mit seinem interessanten Zitronenaroma macht sich in Nudelsalaten gut.

DAS TUT MIR GUT Bohnenkraut regt die Verdauung an und hemmt Blähungen – genau das ist bei Gerichten mit Hülsenfrüchten ja sehr wünschenswert. Insektenstiche hören schneller auf zu jucken, wenn man sie mit zerdrückten Bohnenkrautblättern einreibt. Wegen seiner antiseptischen Wirkung kann Bohnenkraut auch für Fußbäder verwendet werden.

Früher wurde Bohnenkraut auch wegen seiner anregenden Wirkung geschätzt und als Aphrodisiakum angewandt.

Marie

TARAXACUM OFFICINALE

PFLANZENTYP | Winterharte Staude

STANDORT | Überall!

Löwenzahn

In Frankreich heißt Löwenzahn Pissenlit (Piss ins Bett). Unverblümter kann man seine entwässernde Wirkung wohl kaum beschreiben.

ANBAU UND ERNTE Löwenzahn siedelt sich bereitwillig im Garten an. Er ist nicht anspruchsvoll und gedeiht in Sonne oder Halbschatten auf jedem Boden. An Pflegetipps wird kaum jemand Interesse haben, denn die meisten Gartenbesitzer wollen ihn gern loswerden. Da hilft nur, die Pflanzen auszugraben. Aber sorgfältig, denn wenn ein Stückchen Wurzel im Boden zurück, treibt es gnadenlos wieder aus.

Wenn er aber nun schon einmal da ist, kann man ihn auch nutzen. Kinder haben Spaß daran, die gelben Blüten für Sirup zu sammeln. Im Frühling schneide ich zarte Blätter.

DAS SCHMECKT MIR Ganz junge, zarte Löwenzahnblätter haben ein nussiges, leicht bitteres Aroma, das sich in gemischten Blattsalaten gut macht und auch sättigenden Nudelsalaten eine pikante Würze gibt. Ich mische gern ein paar gehackte Blätter unter lauwarmen Couscous-Salat mit reifen Tomaten, Frühlingszwiebeln und Kichererbsen. Wenn allerdings skeptische Esser am Tisch sitzen, umschreibe ich ihn vorsichtshalber als „neue, total angesagte Blattsalatsorte“.

Mein Großvater wusste zu berichten, dass man in den mageren Kriegsjahren Löwenzahnwurzel trocknete und im Ofen röstete, um sie dann als Kaffeeersatz zu mahlen. Angeblich soll das Gebräu gar nicht so schlecht geschmeckt haben.

DAS TUT MIR GUT Löwenzahn enthält viele Vitamine und Antioxidantien, aber er ist vor allem wegen seiner entwässernden und entschlackenden Wirkung bekannt. Wenn ich dem Winterspeck zu Leibe rücken will, mixe ich mir zum Frühstück einen Smoothie aus einer Banane, dem Saft einer Orange, einer Handvoll Löwenzahnblätter und Kefir. Steckt voll gesunder Inhaltsstoffe, sieht toll aus, schmeckt nach Frühling – und wirkt!

Sirup aus Löwenzahnblüten schmeckt auf Eis und Obstdesserts oder im Tee. 250 g Löwenzahnblüten aus den grünen Blütenkelchen zupfen. Die Blütenblätter in 1 Liter Wasser aufkochen und 1 Stunde ziehen lassen. Dann abseihen, 1 kg Zucker zugeben und unter gelegentlichem Rühren dicklich einkochen lassen.

THYMUS VULGARIS

PFLANZENTYP | Winterharter Zwergstrauch

STANDORT | Sonne

Thymian

Eine umfangreiche Sammlung verschiedener Thymianarten und -sorten kann man in den Gärten von Highgrove, dem Wohnsitz von Prince Charles of Wales, besichtigen.

Neben den zahlreichen aufrechten Thymianarten gibt es auch einige, die niedrige Teppiche bilden. Die Pflanzen sind so robust, dass sie gelegentliches Betreten nicht übel nehmen – aber bitte nicht barfuß, denn im Sommer tummeln sich Bienen und Hummeln auf ihnen.

ANBAU UND ERNTE Thymian braucht einen sonnigen Platz mit durchlässigem, eher trockenem Boden. Auf feuchtem Boden faulen die Pflanzen in regen- oder schneereichen Wintern leicht.

Ab Mai kann Thymian im Freien ausgesät werden. Die Samen brauchen Temperaturen um 20 °C und Licht, um zu keimen.

Es gibt sehr viele verschiedene Thymianarten, doch nur von wenigen werden Samen angeboten. Wenn ich im Garten von Freunden eine interessante Art sehe, schnorre ich im Sommer gern ein paar Stecklinge.

Von April oder Mai bis in den Frühwinter kann Thymian frisch nach Bedarf geerntet werden. Kurz vor der Blüte die Sträucher kräftig zurückschneiden und zum Trocknen flach ausbreiten.

DAS SCHMECKT MIR Das süßliche Aroma von Thymian hat einen festen Platz in der mediterranen Küche, wird aber auch für herzhafte Gerichte der traditionellen deutschen Küche verwendet. Die getrockneten Blätter haben ein intensiveres Aroma als die frischen und vertragen langes Mitkochen problemlos. Besonders gern mag ich Thymian im Steckrübeneintopf.

DAS TUT MIR GUT Wegen seines hohen Gehalts an ätherischen Ölen wirkt Thymian anregend auf die Verdauung und hilft, schwere, deftige Gerichte bekömmlicher zu machen. Thymiantee lindert Verdauungsbeschwerden, hilft bei Husten und kann auch als Gurgellösung bei Entzündungen im Mund- und Rachenraum angewandt werden. Ein Thymianbad lindert Gelenkschmerzen, die oft mit einer aufkommenden Erkältung einhergehen. Wegen seiner antiseptischen Wirkung eignet sich Thymian außerdem für Gesichtsdampfbäder bei unreiner Haut.

HIERBAS

TROPAEOLUM MAJUS

PFLANZENTYP | Einjährige

STANDORT | Sonne

Kapuzinerkresse

ANBAU UND ERNTE Kapuzinerkresse gedeiht auf fast allen Böden in der Sonne und auch im Halbschatten. Im Sommer sollte sie nicht austrocknen, sonst werden die Blätter schnell gelb. Düngen Sie sie lieber nicht, denn dann bildet die Pflanze viele Blätter und weniger Blüten.

Ausgesät wird im Freien ab Mitte Mai, man kann sie aber auch im Haus vorziehen. Das Angebot an Saatgut ist recht gut – es gibt rankende und kompakte Formen mit verschiedenen Blütenfarben von Cremeweiß über Gelb und Orange bis Dunkelrot. Vor allem die niedrigen Sorten gedeihen auch in Kübeln, Kästen und Ampeln gut.

Junge Blätter können während der ganzen Vegetationszeit geerntet werden. Die Blüten pflücke ich nach Bedarf, wenn sie in Bestform sind. Im Spätsommer nehme ich die unreifen Samen ab.

DAS SCHMECKT MIR Junge, rohe Blätter mit ihrem typisch pfeffrigen Kressearoma sind eine leckere Salatzutat, und die Blüten eignen sich als essbare Dekoration für allerlei Gerichte. Sogar eine Reispfanne zur Resteverwertung sieht gleich viel edler aus, wenn eine Kresseblüte darauf prangt.

Die unreifen Samen lege ich in eine Essig-Salz-Lake ein und verwende sie wie Kapern in hellen Soßen oder zu Reisgerichten.

DAS TUT MIR GUT Kapuzinerkresse ist schon wegen ihrer Wuchsfreude und der leuchtenden Blüten eine echte Gute-Laune-Pflanze. Die Blätter sind reich an Vitaminen und enthalten neben Eisen verschiedene ätherische Öle, die das Immunsystem stärken und die Verdauung fördern.

Als Begleitpflanze im Küchengarten hat Kapuzinerkresse eine lange Tradition, denn sie vertreibt verschiedene Schädlinge. Außerdem lockt sie Schwebfliegen an, die zu den natürlichen Feinden der Blattläuse gehören.

Weil die pflegeleichte Kapuzinerkresse fast überall wächst und üppig rankt, eignet sie sich hervorragend, um Leben in abgelegene Gartenecken zu bringen oder unansehnliche Notwendigkeiten wie Komposter oder Mülltonnen zu verstecken.

In ihrer südamerikanischen Heimat wird die Kapuzinerkresse schon seit Jahrhunderten als Heilpflanze geschätzt und zur Behandlung von Wunden eingesetzt.

VALERIANA OFFICINALIS

PFLANZENTYP | Winterharte Staude

STANDORT | Sonne oder Halbschatten

Baldrian

Baldrian wird wegen seines dezent-moschusrartigen Aromas in der Parfümindustrie eingesetzt und auch zur Herstellung von Aromastoffen für Lebensmittel verwendet.

Die Herkunft des botanischen Namens ist nicht genau geklärt. Möglicherweise leitet er sich von dem lateinischen Wort „valere" (gesund sein) ab. Der deutsche Name bezieht sich auf den nordischen Gott Baldur, den sanftmütigen Gott des Lichtes und der Wahrheit, der – so will es die Mythologie – auch den Kranken und Gebrechlichen beistand.

ANBAU UND ERNTE Baldrian braucht feuchtem Boden – und viel Platz, denn die Pflanzen können bis 2 Meter hoch und 80 Zentimeter breit werden. Er kann im Frühling im Haus ausgesät werden, im August ist die Aussaat auch im Freiland möglich. Ältere Pflanzen bilden Ausläufer, die man zur Vermehrung abnehmen kann.

Im Sommer bildet die Pflanze stattliche Blütendolden mit zierlichen Einzelblüten in Rosa oder Weiß, die sich toll als Auflockerung in großen Sommerblumensträußen machen.

Die Wirkstoffe sind in den Wurzeln enthalten. Wenn Pflanzen 2 bis 3 Jahre alt sind, kann man einen Teil der Wurzeln ausgraben, gründlich abschrubben, in Stücke schneiden und bei niedriger Temperatur im Backofen trocknen. Wer möchte, kann sie auch auf eine Schnur fädeln und zum Trocknen aufhängen.

Kulinarisch ist der Baldrian nicht von Bedeutung, aber er macht sich im Garten nützlich, denn er verbessert den Phosphorgehalt des Bodens und lockt Regenwürmer an, die das Erdreich auflockern. Die Blätter sollten Sie kompostieren, denn sie enthalten viele Mineralstoffe. Baldrian wirkt übrigens ausgesprochen anziehend auf Kater, darum nennt man ihn auch Katzenkraut.

DAS TUT MIR GUT Im Mittelalter hielt man Baldrian für ein wirkungsvolles Schutzkraut gegen Hexerei. Heute wird er wegen seiner beruhigenden Wirkung zur Herstellung von Medikamenten professionell angebaut.

Als Zusatz zu einem abendlichen Bad fördert Baldrian die Entspannung und erleichtert das Einschlafen. Gegen Nervosität, Unruhe und Kopfschmerzen kann auch ein kalter Auszug angewandt werden. Dazu zerstößt man etwas getrocknete Wurzel im Mörser und lässt etwa einen Teelöffel voll über Nacht in kaltem Wasser ziehen.

VALERIANE
Valeriana officinalis

Register